Eu, eu mesmo e minha selfie

PEDRO TOURINHO

Eu, eu mesmo e minha selfie

Como cuidar da sua imagem no século XXI

Copyright © 2019 by Pedro Tourinho

A Portfolio-Penguin é uma divisão da Editora Schwarcz S.A.

PORTFOLIO and the pictorial representation of the javelin thrower are trademarks of Penguin Group (USA) Inc. and are used under license. PENGUIN is a trademark of Penguin Books Limited and is used under license.

Grafia atualizada segundo o Acordo Ortográfico da Língua Portuguesa de 1990, que entrou em vigor no Brasil em 2009.

CAPA Eduardo Foresti/ Foresti Design
FOTO DE CAPA Pedro Dimitrow
PROJETO GRÁFICO Tamires Cordeiro
PREPARAÇÃO Silvia Massimini Felix
REVISÃO Thaís Totino Richter e Márcia Moura

Dados Internacionais de Catalogação na Publicação (CIP)
(Câmara Brasileira do Livro, SP, Brasil)

Tourinho, Pedro
 Eu, eu mesmo e minha selfie : como cuidar da sua imagem no século XXI / Pedro Tourinho. — 1ª ed. — São Paulo : Portfolio-Penguin, 2019.

 ISBN 978-85-8285-091-6

 1. Autoimagem 2. Internet (Rede de computador) 3. Narcisismo 4. Redes sociais on-line 5. Selfies (Fotografia) 6. Selfies (Fotografia) – Aspectos psicológicos 7. Selfies (Fotografia) – Aspectos sociais I. Título.

19-27290   CDD-770

Índice para catálogo sistemático:
1. Selfies : Autoimagem : Fotografia 770

Cibele Maria Dias – Bibliotecária – CRB-8/9427

[2019]
Todos os direitos desta edição reservados à
EDITORA SCHWARCZ S.A.
Rua Bandeira Paulista, 702, cj. 32
04532-002 — São Paulo — SP
Telefone: (11) 3707-3500
www.portfolio-penguin.com.br
atendimentoaoleitor@portfolio-penguin.com.br

Esta obra é dedicada aos meus amigos, motivos pelos quais comecei a desenvolver o trabalho que deu origem a este livro.

[...] *tornamo-nos esfinges, ainda que falsas, até chegarmos
ao ponto de já não sabermos quem somos.*
Bernardo Soares (Fernando Pessoa), *Livro do desassossego*

*Murro no muro da mentira
Mata varando o olho do mentiroso
Mata selando porta e porto
Mata quem não sabe pensar*
     Antonio Risério, "Oriki de Xangô", *Oriki orixá*

O importante é ser-se o que se é, e tornar-se contagioso.
        Agostinho da Silva, *Dispersos*

SUMÁRIO

Apresentação — Astrid Fontenelle 11
Prefácio 13

PARTE 1 — A SELFIE E O NARCISO MODERNO
1. A gênese da selfie 19
2. O indivíduo sob os holofotes 21
3. A evolução do autorretrato 25
4. Narciso sendo Narciso 29

PARTE 2 — O ECOSSISTEMA DA SELFIE
5. Cada um é seu próprio *Jornal Nacional* 37
6. Fofoca e mídia 41
7. A construção da imagem perfeita 45
8. Compartilho, logo existo 47
9. A dinâmica das multidões 49
10. Relevância e engajamento 55
11. Influenciar não é profissão 61
12. Lições fundamentais para influenciadores 65

13. Transmídia: navegando pelas diferentes plataformas 69
14. A mão invisível dos algoritmos 73
15. O lado negativo da força 79

PARTE 3 — SUA IMAGEM E SUA VERDADE
16. Imagem pública em rede 91
17. Imagem e verdade 95
18. O avatar tagarela e a "metafísica das redes" 103
19. Se oriente, rapaz 107
20. Moldando sua narrativa 111
21. O mito pessoal 113

PARTE 4 — COMO CUIDAR DE SUA PRÓPRIA IMAGEM: NOTAS PRÁTICAS
22. A responsabilidade é do mensageiro 123
23. O peso das palavras 127
24. O politicamente correto 129
25. O lugar de fala 133
26. A consciência da própria verdade 137
27. Não trabalhamos com mentiras 139
28. Pense antes de postar 141
29. Gestão de crise: dez dicas para preservar sua imagem no olho do furacão 143

Epílogo 153

APRESENTAÇÃO

Astrid Fontenelle

Ser convidada para escrever uma apresentação não é tarefa fácil, mas o convite do próprio Pedro — que pra mim é Dão — me encheu de orgulho.

Nós nos conhecemos faz uns onze anos, que acho pouco, muito pouco, mas foi no momento certo. Meu marido nos apresentou naquela que foi justamente a hora da virada do Pedro (ele ainda não sabia). Formado em comunicação social pela Unifacs, em Salvador, estava prestes a embarcar para Los Angeles a fim de fazer um curso de roteiros na UCLA.

Garoto cheio de boas referências, excelente papo, rápido e um pouco (bem pouco, né, Dão?) sarcástico, logo se tornou o amigo do marido que roubei pra mim. Só faltava uma coisa: eu, que sou a mais ligada no universo pop, tinha de convencê-lo a entrar no Twitter. Essa rede social, muito mais leve e direta do que os amigos do Facebook, precisava da sua inteligência. E eu acertei!

Ele estava em Los Angeles quando Michael Jackson morreu, e botei pilha para que fizesse a cobertura das últimas notícias. Não havia por lá muitos brasileiros disponíveis para correr atrás da notícia. Por meio do Twitter do Pedro, pudemos acompanhar os detalhes em tempo real. De quebra, ele passou a ser conhecido por aqui.

Enfim, nosso agora @pedrotourinho teria seu próprio veículo de comunicação — já que, de acordo com o quinto capítulo deste livro, "Cada um é seu próprio *Jornal Nacional*".

Mas ele é melhor: Pedro se tornou um observador estudioso e muito crítico da comunicação no século XXI, um craque na decodificação desse mundo. Tanto assim que eu, que nunca tive um agente na minha vida, passei a usar seus conselhos para navegar no universo das redes sociais.

Eu, eu mesmo e minha selfie (que sacada exemplar esse título!) é um bem servido manual de sobrevivência nessa selva de selfies.

A história, as sinapses, os algoritmos, o público, o privado, as maldades, a responsabilidade, as fake news, as dicas de como gerir as crises que virão (elas sempre vêm), tá tudo aqui.

Portanto, caro leitor, digo com sinceridade: pode comprar dois exemplares deste livro de estreia do Pedro Tourinho. Um pra você, evidente. Outro pra umx amigx; afinal, neste século da selfie, temos muito o que aprender sobre nós mesmos antes de nos deixar levar pelas aparências.

P.S.: Influencers, este livro faz parte da literatura básica da sua atividade!

PREFÁCIO

"foda como a gente se torna dependente do espelho. ainda mais quando o que o espelho mostra não é necessariamente a sua imagem, mas sim o que se deseja ser. ledo engano confundir imagem com reflexo. confundir o que se é com o estar. quem sou eu e quem é o espelho? qual é a imagem e qual é o reflexo? qual é o reflexo e qual é a imagem?

às vezes o espelho também mostra a verdade. muitas vezes vivemos mais o reflexo do que o concreto... ou pior, o reflexo de um momento estático do tempo, de uma fatia de vida. esse reflexo se concretiza e se torna uma verdade sempre, como uma fotografia eterna e dominadora, quando na realidade sempre foi somente uma interpretação.

e até que ponto a interpretação, condicionada por uma imagem de reflexo cristalizada no tempo, é capaz de orientar todos os passos de nossa vida? qual o momento do *turnover*? de quebrar o espelho dominador? de estilhaçar o reflexo que nos aprisiona? é possível quebrar um espelho sem se ferir? quebrar um espelho sem dor?"

PedroT, 11 de outubro de 2007

Por que estou escrevendo este livro? Acho que todo mundo que se depara com uma folha em branco, com a missão de contar uma história ou de explicar qualquer coisa, se faz essa pergunta — ou pelo menos deveria. Em comunicação, cada ação deve ter consciência e propósito, e escrever um livro não é uma ação qualquer.

Resgatei aqui, no início deste prefácio, um post do blog que eu mantinha em meados da primeira década deste milênio, quando também pela primeira vez — ainda de forma bem confusa, como você pode ver — a questão de imagem e verdade se colocou para mim. Ainda não sabia, naquele momento, que essa seria a grande questão da minha carreira nos anos que se seguiriam.

Me dediquei à comunicação em toda a minha vida profissional, e nos últimos anos venho trabalhando para ajudar empresas e pessoas a se comunicarem melhor. Esse tem sido meu propósito. Quem se comunica melhor, num momento tão caótico quanto este em que vivemos, é mais reconhecido pelo que faz, pelo que é e pelo que quer ser. Quem se comunica melhor não cai em armadilha, não entra em confusão, não tropeça na timeline. Quem se comunica melhor é mais próspero e consegue passar com mais veracidade para o mundo ao redor a imagem do que se é — ou do que se quer ser. Quem se comunica melhor é mais feliz.

Mas o momento atual nos oferece também um paradoxo: ao mesmo tempo que as ferramentas de comunicação nunca foram tão acessíveis, também nunca foi tão difícil navegar nesse mar. São possibilidades, oportunidades e armadilhas a cada instante. Tentações e medos, reflexos e espelhos que fazem com que a gente sempre se questione o que é imagem e o que é verdade. Eis a chave da questão.

Voltando alguns passos, penso que na vida a gente pode se definir basicamente por duas dimensões: as raízes e o caminho — *roots and routes*. Isto é, de onde vim e qual caminho tracei ou traço. A jornada. É isso que vai garantir que uma pessoa não se meta a falar sobre o que não conhece, que não prometa mais do que pode entregar. Essa consciência adquirida traz a certeza de que não adianta vender uma imagem de mentira, porque sustentar uma mentira dá mais trabalho do que bancar dez verdades.

Este livro não se propõe a ser material didático, acadêmico ou de estudo de casos. Não trago aqui o rigor que uma empreitada desse porte exige. Os capítulos funcionam como crônicas e resumem muitas das minhas reflexões nestes anos em que cuidei com sucesso da imagem de pessoas públicas, amigos pessoais e empresas. São temas nos quais me aprofundei por interesse ou necessidade, que criam um esqueleto do que imagino ser uma perspectiva bem-sucedida do trabalho que é cuidar da imagem neste século tão confuso e fascinante para a comunicação.

PARTE 1

A selfie e o Narciso moderno

CAPÍTULO 1

A gênese da selfie

Por mais que possa parecer, não foi Kim Kardashian ou Paris Hilton quem inventou a selfie. Ninguém sabe ao certo quem o fez, assim como não se pode dizer com certeza absoluta quando surgiram o retrato e o autorretrato, dos quais a selfie deriva. Mas o fato é que a ação de se fazer retratar tem uma longa história e está associada a outro fenômeno ainda mais antigo, inerente ao ser humano: o narcisismo.

Mas a selfie não é apenas uma forma contemporânea de alimentar uma tendência que sempre existiu. Não deixa de ser isso, porém é muito mais. A imagem sempre esteve ligada à admiração por si mesmo e ambas sempre estiveram relacionadas ao poder. Só em tempos recentes, entretanto, tornou-se mais fácil para qualquer um com o celular nas mãos criar uma imagem com força e visibilidade, como também ficou mais claro para todos como isso passou a ser sinônimo de uma forma de poder.

No passado, os líderes políticos manipulavam suas imagens para manter, perpetuar e ampliar o poder que haviam conquistado por meio de revoluções ou eleições. Basta pensar no culto à personalidade de líderes de triste memória como Hitler, Stálin e até Saddam Hussein, e também na propaganda política de governos eleitos pela via democrática. Na Índia contemporânea há selfies de políticos impressas em lonas e cartazes espalhados por toda parte. Hoje, de forma mais acentuada, uma imagem pode ser o principal instrumento para *chegar* ao poder. Donald Trump é um grande exemplo de personalidade pública sem história partidária ou contribuição ao serviço público que derrotou políticos tradicionais com seu apelo midiático, ou seja, de imagem.

Passamos da sociedade de massas para a sociedade do espetáculo, na qual aquilo que ganha atenção não tem necessariamente mérito, e as massas acabam por adotar um comportamento de audiência. O mundo virou um grande Coliseu — o anfiteatro romano usado para o entretenimento da população, local em que se destacavam imperadores, princesas, gladiadores e feras. Na sociedade de massas, mais centralizada e autoritária, a imagem era manipulada para impor ou persuadir; na do espetáculo, mais descentralizada e soft, o cuidado com a imagem seduz em diferentes níveis, passando pelas pequenas bolhas em redes sociais e chegando à opinião pública mais ampla, assuntos em que nos deteremos com mais atenção nos próximos capítulos. Na sociedade de massas, a imagem decorria do poder e estava a serviço dele; na sociedade do espetáculo, a imagem leva ao poder e faz com que o indivíduo se empodere.

A simples selfie nada tem de inocente: ela é o ponto de chegada de uma longa história na qual o impulso narcisista de se retratar revela um desejo de ganhar visibilidade, reconhecimento e prestígio, embora nem sempre o resultado seja satisfatório.

CAPÍTULO 2

O indivíduo sob os holofotes

A selfie, a modalidade mais difundida de autorretrato, se tornou uma obsessão de proporções mundiais. Muita gente condena esse vício, qualificando-o de narcisista, de busca ensandecida de autopromoção. Pode ser. Mas olhar para sua evolução— e a do narcisismo — pode ajudar a pôr essa tendência em perspectiva, a relativizar seus aspectos positivos e negativos.

Assim como o retrato deu origem ao autorretrato, as novas tecnologias transformaram essa vontade de fazer um registro de si mesmo em uma mania de produzir selfies. Soa óbvio, mas há muitos aspectos envolvidos nisso. Se você percorrer a galeria de um grande museu — como o Louvre, de Paris, os Museus do Vaticano, em Roma, ou o Metropolitan, de Nova York —, notará algo surpreendente: na história da arte, os retratos de grandes personalidades surgem tardiamente como gênero de pintura praticado por diferentes artistas.

Da Idade Média até o Renascimento, a esmagadora maioria dos quadros do mundo ocidental retrata cenas da Paixão de Cristo. Também há pinturas de alguns santos, episódios históricos coletivos e, raras vezes, príncipes e papas. Tratava-se de sociedades hierarquizadas, nas quais a religião e o poder que emanava de Deus eram os principais elementos que organizavam e determinavam a vida pública. Por isso, na arte do período predominavam os temas religiosos, ou melhor, as imagens associadas à tradição cristã.

A noção do indivíduo que se destaca da massa e de sua classe social surge bem mais tarde. É consequência da urbanização, da centralização dos Estados nacionais (em contraste com a estrutura dispersa dos feudos medievais e das cidades-Estados renascentistas) e do declínio do poder da Igreja. O sujeito, nesse novo contexto, pode até mesmo mudar de classe e alterar seu destino, o que antes, numa sociedade regida pelo princípio religioso, era considerado imutável.

Esse processo, que levou séculos para se assentar, foi marcado por grandes acontecimentos, tais como as navegações, a descoberta das rotas comerciais e a chegada dos europeus ao chamado Novo Mundo, a América — cujo nome vem do navegador florentino Américo Vespúcio, um bom exemplo de uma pessoa valorizada tanto quanto as figuras divinas. Todos esses acontecimentos foram propiciados por uma ciência experimental que se contrapunha às concepções mitológicas ou sagradas do cosmos. Ou seja, por uma maior liberdade do indivíduo, que não obedecia mais à autoridade do saber religioso, mas pesquisava e experimentava por conta própria.

Essa nova organização de mundo, em que o dinamismo da cidade contrasta com o caráter estagnado da vida rural, em que a moeda (intercambiável) substitui a posse da terra (um direito de sangue) como símbolo de riqueza, teve um reflexo decisivo sobre as formas artísticas.

É só depois desse período de profundas mudanças que o olhar dos artistas se desloca dos céus para a terra, das cenas bíblicas para a realidade mundana, dos seres mitológicos para objetos, cenários e seres humanos. Em resumo, nessa época surgem a natureza-morta, a pintura de paisagem e o retrato como gêneros pictóricos.

Claro que, como nada na história é muito estanque ou esquemático, é possível encontrar, aqui e ali, exceções desse panorama: o busto de uma personalidade (filósofo, governante) na Grécia Antiga e no Império Romano; afrescos que descrevem cenas domésticas (como nas paredes que restaram da destruição de Pompeia); um cavaleiro ou mesmo um mercenário medieval. Mas se trata sempre de pessoas ilustres, e suas representações, mesmo assim, fogem do padrão. Não havia a difusão que o retrato (ao lado da pintura de paisagem e a natureza-morta) terá na chamada Era Moderna, a partir dos séculos XVI e XVII.

O surgimento do retrato coincide, não por acaso, com uma valorização crescente do indivíduo na vida pública, não importando se ele tinha um título de nobreza ou ocupava um lugar privilegiado na hierarquia da Igreja. Muitos pintores do período passam a retratar pessoas comuns, às vezes anônimas (basta lembrar da tela *Moça com brinco de pérola*, do holandês Vermeer, que gerou um filme lindo com a atriz Scarlett Johansson).

Ou então, o que era mais frequente, esses artistas eram financiados por figuras em ascensão — como os banqueiros e comerciantes — que queriam ser retratadas e entrar no panteão antes reservado a santos, mártires, papas, bispos e príncipes. É dessa atitude de patrocinar um artista para que ele exerça seu ofício e, em retribuição, celebre seu patrono que nasce a figura do mecenas — existente até hoje, embora de forma mais institucional.

Critica-se muito o individualismo de nosso tempo. O fato, porém, é que a história dos últimos séculos é um enredo em que os indivíduos ganham pouco a pouco os holofotes. Uma história na qual a passagem do retrato para o autorretrato aconteceu com bastante rapidez. Tanto que um dos maiores pintores ocidentais, Rembrandt, foi autor, no século XVII, de mais de quarenta quadros que registraram as variações de sua fisionomia e de seu estado de espírito ao longo do tempo.

Rembrandt não foi a exceção, e sim a regra. De Leonardo da Vinci, mais de cem anos antes dele, a Van Gogh, quase duzentos anos depois, praticamente todos os grandes artistas que conhecemos fizeram autorretratos. E, por fim, chega o momento em que o registro da realidade e de si mesmo não exige mais talento e técnica (antes arduamente aprendida num ateliê de pintura). Estou falando, como você já deve ter adivinhado, da invenção da fotografia.

CAPÍTULO 3

A evolução do autorretrato

Atribuída à dupla francesa Joseph Nicéphore Niépce e Louis Jacques Mandé Daguerre (que na virada dos anos 1830-40 teve seu nome associado ao daguerreótipo, aparelho que possibilitava uma forma primitiva de fotografia), a nova e revolucionária técnica foi desenvolvida paralelamente em diversos países, inclusive no Brasil, onde o francês Hercule Florence criou processos semelhantes aos de seus conterrâneos. E, junto com os experimentos para capturar a luz de objetos e paisagens, nasceu o autorretrato fotográfico — pai da nossa selfie.

Alguns estudiosos consideram o ano de 1839 a data do primeiro autorretrato fotográfico, feito pelo norte-americano Robert Cornelius, pioneiro nos experimentos com o daguerreótipo. Outras fontes atribuem a primeira selfie (que, obviamente, não tinha esse nome) ao francês Hippolyte Bayard, em 1840. E ainda há quem entregue o título ao fotógrafo sueco Oscar Rejlander, em 1850.

De lá para cá, fotógrafos profissionais passaram a se dividir em diferentes funções. Tornaram-se fotojornalistas, retratistas ou mesmo artistas visuais que utilizariam o novo meio para explorar suas possibilidades estéticas. Provavelmente todos eles, em algum momento, retrataram a si mesmos, gesto que seria repetido em todo o mundo por fotógrafos amadores ou simples proprietários de câmeras portáteis.

A simplificação e o barateamento da técnica e do ato de fotografar teve sua primeira fase com as máquinas não profissionais, que ajustavam de modo automático o foco e a entrada de luz através da lente. E surgiu o aparelho de revelação instantânea Polaroid, criado nos anos 1940, mas comercializado em grande escala na década de 1970. Depois, já neste milênio, popularizaram-se as câmeras digitais, que permitem fazer centenas de cliques sem a preocupação com o custo do filme e da revelação (o que antes exigia alguma dose de precisão e habilidade).

Quando morei em Los Angeles, no fim dos anos 2000, momento em que as câmeras digitais substituíram definitivamente os filmes de 35mm no cinema, lembro-me de ouvir diretores de fotografia da velha guarda comentarem que o maior impacto da mudança não estava na tecnologia em si, mas sim no set de filmagem. Antes, todo o time tinha de estar extremamente preparado para filmar a cena perfeita, incluindo atuação e iluminação, gravando a menor quantidade de vezes possível para não gastar os filmes analógicos, que eram bastante caros. Havia longos ensaios, mas, quando alguém gritava "rodando", o ideal era acertar de primeira, para não desperdiçar um rolo de fita. Hoje tudo se resolve na pós-produção, a edição que é feita nas imagens depois da gravação das cenas, gerando outro tipo de custos.

Mas o grande salto no que diz respeito à evolução da fotografia foi o momento em que nem mesmo uma câmera seria mais necessária: desde 2003, as principais marcas de celulares passaram a ter um dispositivo fotográfico e de vídeo. Foi nessa época, inclusive, que surgiram os primeiros registros do uso da palavra selfie, a nova maneira de se referir ao autorretrato no século XXI. E, para que ela se tornasse o que é hoje, foi preciso mais do que apetrechos digitais.

A diferença essencial em relação a um autorretrato em qualquer tipo de câmera fotográfica não está apenas no gesto de fotografar a si mesmo, mas na possibilidade de postar as imagens em plataformas públicas e difundi-las. Por isso, canais como Flickr, Myspace,

Blogger e Fotolog, surgidos nos primórdios da internet e que permitiam fazer o upload e compartilhamento de imagens digitais, puseram mais lenha na fogueira.

A selfie surge junto com o novo século e o novo milênio, marcados pela definitiva e irreversível consolidação da web, das redes sociais e, em especial, de ambientes digitais que funcionam como um canal inesgotável para a veiculação de experiências pessoais, relatos de viagens, impressões e comentários.

Logo em seguida, ela se prolifera na esteira da explosiva acessibilidade da telefonia móvel. Tanto assim que, em 2013, o dicionário *Oxford* a elegeu como a palavra do ano. No blog oficial, a equipe da publicação escreveu que a decisão tinha sido unânime, com pouco debate, ao contrário de outros anos em que houve disputas acirradas entre as palavras finalistas. "Parece que todas as pessoas que são alguém postaram uma selfie na internet. Se é bom para os Obama e para o papa, é bom para a palavra do ano", afirmaram os responsáveis pela escolha.

Muito mais do que um autorretrato pelo celular (que, a rigor, difere do autorretrato com câmera fotográfica apenas pela praticidade de um dispositivo que nos acompanha em todo momento), a selfie faz parte de uma cultura totalmente conectada a plataformas como Facebook e Instagram. Em síntese, é uma marca indissociável da era da cultura digital.

CAPÍTULO 4

Narciso sendo Narciso

Em 1994, num ensaio publicado no tabloide *The New York Review of Books*, o paleontólogo Stephen Jay Gould escreveu: "Nós somos criaturas contadoras de histórias, e nossa espécie deveria se chamar *Homo narrator* em lugar de *Homo sapiens*. A narrativa surge com naturalidade para nós, como forma de organizar pensamentos e ideias". Eu completaria o comentário de Jay Gould: "organizar pensamentos e ideias *a nosso favor*". De certa forma, o homem moderno surge a partir do momento em que consegue contar sua própria história.

    Desde os pintores e escritores que eram financiados por imperadores, reis e clérigos para imortalizar seus feitos, passando pelos retratistas que eram orientados a melhorar fisionomias, digamos, não tão dignas de um quadro, até chegar ao Photoshop usado sem pudor para apresentar — e adequar — o personagem que os editores querem mostrar, toda a trajetória de representação de pessoas e da gestão de imagem é unida pelo fato de que o valor de uma existência passou a ser transferido da história vivida para a história narrada e, mais tarde, publicada. Ou seja, imagem e realidade se aproximam ou se distanciam de acordo com a vontade e o poder de quem tem o controle sobre a narrativa.

Acontece que agora esse poder está ao alcance do mouse e do teclado com os quais cada um de nós cria e edita o próprio perfil, ao alcance da câmera do celular com que se faz uma selfie. Essa associação de poder e controle sobre a própria imagem, sobre a própria história, tornou-se uma ferramenta fundamental na definição da existência do indivíduo contemporâneo: posto, logo existo.

A selfie é uma representação da maioria dos traços comportamentais, éticos e estéticos que caracterizam esse mundo em que o indivíduo comum participa digitalmente de tudo, ora como coadjuvante, ora como protagonista. Ou melhor: ela permite que todo coadjuvante aspire a se tornar protagonista, famoso, célebre — nem que seja a celebridade de um instante ou a fama dentro de uma bolha da internet.

Essa aspiração, mais ou menos compartilhada por todos, está associada a um elemento que é anterior à fotografia, ao autorretrato e ao retrato: o já mencionado narcisismo. Ele não é nem de longe um traço exclusivo de nossa época, mas nosso século o glorificou e legitimou — gerando reações e juízos condenatórios.

O termo "narcisismo" deriva do mito de Narciso, lendário personagem grego que, embevecido com a própria beleza, é condenado pelos deuses a se apaixonar por sua imagem. Como resultado da punição, Narciso acaba definhando na margem do rio em cujas águas contemplava o próprio rosto (outras versões dizem que ele se suicidou mergulhando em seu reflexo).

A simples constatação da origem mitológica do termo já indica o quanto esse traço humano é antigo. Tanto é assim que o mito de Narciso foi utilizado por artistas e filósofos de diferentes épocas (como o pensador francês Jean-Jacques Rousseau) para caracterizar a vaidade e seus excessos, até ser transformado em patologia pela psiquiatria e em transtorno de personalidade pela psicanálise de Freud.

A questão é que talvez tenhamos levado o narcisismo a um novo patamar. Quando um filósofo como o norte-americano Christopher Lasch descreve *A cultura do narcisismo* (título de seu livro mais conhecido), ele não está tratando de um fenômeno novo, uma vez que, depois de se tornar um desvio patológico individual, o narcisismo se transformou numa característica coletiva, num traço do comportamento em geral.

Assim como a selfie se diferencia do autorretrato pela difusão que alcançou, também o narcisismo contemporâneo é, por uma questão de incidência, muito maior do que em outras épocas. Pode ser um traço doentio — mas cada época tem seus fantasmas. No passado, foram as neuroses provocadas pela repressão sexual. Hoje, na era de liberação do prazer, do culto ao corpo e à beleza, de comércio da imagem, é o narcisismo— que pode até ser minimizado individualmente, mas não será extirpado da realidade e da sociedade em que vivemos: o narcisismo faz parte de nós.

O Narciso contemporâneo está tão autocentrado que se interessa não só por si mesmo, mas pela admiração que os outros têm por ele. O narcisismo moderno seria uma variante do narcisismo, digamos, "tradicional" porque nele o sujeito está apaixonado não apenas pelo reflexo da própria imagem, mas também por quem alimenta essa fixação com o espelho, reagindo com likes e comentários a cada clique. Ou seja, nunca fomos tão reféns do olhar dos outros.

Se você pesquisar os perfis de Instagram compostos apenas de selfies, entenderá claramente. De maneira geral, todas as fotos são tratadas com editores de imagem. Ou seja, quem está ali não é exatamente quem postou. O autor das selfies e do perfil cria um avatar e simula perfeição para receber likes que não mudarão sua vida, ou a de quem o acompanha, de maneira relevante. Mas o Narciso da rede social está tão embevecido com sua imagem falsa, concebida e criada para receber recompensas, que não para de alimentar suas plataformas e seus seguidores. Assim, cai na armadilha de se tornar um item de consumo no mercado virtual, ostentando uma imagem cada vez mais distante do que é de verdade.

Com o surgimento da comunicação de massa e da indústria cultural — que data do início no século XX e sofre uma expansão brutal no século XXI —, muitas críticas foram feitas ao modelo, mas nenhuma tão essencial quanto as dos pensadores Theodor Adorno e Max Horkheimer. Criadores da chamada Escola de Frankfurt, eles definiriam a indústria cultural, surgida a partir do desenvolvimento da imprensa e dos veículos de comunicação, como um sistema político e econômico que tem como principal efeito transformar bens de cultura — filmes, livros, músicas, peças de teatro — em formas de mercadoria.

Desde então, o mundo e a mídia se desenvolveram de tal forma que não só a cultura se tornou mercadoria, mas também — e sobretudo — as pessoas. As narrativas pessoais e, pior, as mais superficiais imagens pessoais, ganharam um valor acima de qualquer outro bem material e imaterial: gente virou marca, comunidade passou a ser público-alvo, admiradores se tornaram seguidores, empatia se tornou influência.

Nos anos 1940, época do surgimento da Escola de Frankfurt e de sua teoria crítica, as discussões sobre essas narrativas tinham como foco os meios de comunicação e aqueles que detinham seu controle, pois era preciso ter em mãos um veículo de massa para conseguir dominar uma narrativa. Hoje, passamos para a fase em que esses portões foram arrombados pelas redes sociais, que, para alimentar seu modelo de negócio, deram voz a praticamente todos os indivíduos com acesso à internet. Pessoas que produzem uma imagem consumível de si e transformaram a "opinião pública" (para Adorno e Horkheimer o correspondente à mercadoria no campo das ideias) numa proliferação de memes, comentários e bravatas organizadas pelos algoritmos que governam de maneira invisível o suposto livre-arbítrio no qual acreditamos ser editores de nós mesmos. Na verdade, tudo isso existe para gerar negócios.

Entender e considerar a mercantilização da imagem pessoal, o modelo de negócio milionário das redes sociais baseado em likes e dislikes, em friends e unfriends, follows e unfollows, é fundamental para navegar em nosso tempo.

Se não existe Narciso sem seu reflexo e se "Narciso acha feio o que não é espelho", como cantou Caetano Veloso, penso que o espelho de um mundo conectado se reflete em opinião pública. Portanto, o esforço passa a ser entender o reflexo das coisas que você faz e o efeito daquilo que você mostra aos outros. O maior desafio é saber lidar com as consequências de viver e se comunicar numa sociedade que se transformou num verdadeiro labirinto de espelhos, onde não se sabe o que é imagem e o que é real.

PARTE 2

O ecossistema da selfie

CAPÍTULO 5

Cada um é seu próprio *Jornal Nacional*

Quem conta a história é Fernando Morais em *Chatô: O rei do Brasil*, biografia de Assis Chateaubriand. Na noite do Natal de 1959, enquanto vestia seu smoking para ir a um jantar, o criador de um dos maiores impérios jornalísticos do país teve um entrevero com o amigo David Nasser. Colunista bastante importante, Nasser havia criticado a criação de Brasília por Juscelino Kubitschek na revista *O Cruzeiro*: "Todo mundo já reconhece a grandeza de Brasília [...]. Só você insiste em ser contra, turco maldito. Só você, com esse seu eterno pessimismo. Por quê? Por que não muda de ideia, como eu mudei?", disse Chatô. "Porque tenho minha opinião", retrucou Nasser. "Opinião? Se você quer ter opinião, compre uma revista",[1] concluiu o empresário.

Pois é, a sugestão de Chatô — que possivelmente seria seu maior pesadelo — se tornou realidade. Hoje, todos têm seu próprio jornal, sua revista, seu *Jornal Nacional*. Todo mundo é um veículo de comunicação, uma fonte e um canal de informação (real ou falsa), um editor de conteúdo, um redator e um relações-públicas de si mesmo.

---

1 Fernando Morais, *Chatô: O rei do Brasil*. São Paulo: Companhia das Letras, 2011. p. 14.

Assim como a forma de retratar as imagens foi evoluindo e mudando de plataforma, das paredes na Idade da Pedra às nuvens virtuais, o jeito de se transmitir notícias e informações também sofreu uma revolução.

No Império Romano, os anúncios oficiais de campanhas militares, eventos esportivos ou obituários eram gravados em madeira e afixados nos espaços públicos. Na Idade Média, cabia a um arauto ou pregoeiro transmitir de viva voz as proclamações solenes e oficiais.

Esse ambiente de informação restrita e de baixa circulação teve sua primeira grande mudança com o advento da prensa móvel. Criada por Johannes Gutenberg na Alemanha do século XV, ela permitiu a impressão de livros e periódicos com a velocidade exigida pela dinâmica dos acontecimentos num mundo em transformação.

A era de ouro do impresso, com jornais, folhetins, revistas, livros e cartazes, teve longa duração, entre os séculos XVIII e meados do XX. Foi também nesse período que ficou clara a existência de uma guerra, nem sempre silenciosa, pelo domínio (ou mesmo censura) da informação e das narrativas, das versões para os acontecimentos, passando quase sempre pelo controle dos veículos de comunicação — incrementados pelo surgimento do rádio e da televisão, cujo alcance criou o que chamamos de sociedade de massas e indústria cultural.

E é assim que voltamos a Chatô e ao cenário que tínhamos até o início deste século XXI: a banca de revista, a primeira página do jornal, a rede de rádio ou de televisão como expressão da opinião de quem detém o poder. Eram poucas e concentradas as ferramentas capazes de consagrar ou destruir a imagem de pessoas públicas e privadas, instituições, empresas e governos. Em algumas situações, bastaram poucas linhas de texto, às vezes apenas a legenda de uma foto escolhida com fins laudatórios ou ofensivos, ou a edição maliciosa de uma entrevista ou do texto de uma notícia apresentada ao vivo em cadeia nacional.

Outra questão do antigo modelo de negócio da imprensa, dos jornais e dos meios de comunicação como um todo era sua dependência do empresariado e do mercado publicitário. O que pagava as contas e trazia lucro aos donos da mídia eram os anúncios. As empresas pagavam caro para ter suas marcas estampadas na contracapa de uma revista impressa ou no intervalo de um programa de televisão. E entre os maiores anunciantes sempre figurou o governo, com campanhas das estatais ou mensagens de utilidade pública. Formava-se, assim, a tríade da mídia capitalista: verdade-imagem-poder. A narrativa dominante estava submetida ao que era conveniente para a economia e a política.

A discussão, por muitas décadas, foi no sentido de ter um quarto poder independente, que não ficasse submisso aos interesses das instituições que estavam pagando as contas. A saída seria ter vários anunciantes? Ou vários meios de comunicação que pudessem apresentar visões complementares aos leitores, ouvintes e telespectadores?

Enquanto discutíamos essas questões, Zuckerbergs e Dorseys[2] puseram essa lógica de cabeça para baixo. As páginas pessoais e as redes sociais se tornaram a nova arena do debate. Pessoas cuja opinião antes só aparecia na seção de cartas dos leitores, quando mandavam suas mensagens aos jornais (e ainda assim sujeitas à moderação do editor), passaram a compartilhar o que pensam gratuitamente, sem filtro, em tempo real, em suas redes, para todo mundo ver.

Eventos como a Primavera Árabe — uma série de protestos contra governos do mundo árabe que aconteceram em 2011 — foram transmitidos não só por jornalistas, mas por manifestantes e cidadãos comuns que narravam os fatos e teciam a história por meio de suas contas pessoais. Foi a primeira vez que uma plataforma digital, o Twitter, demonstrou força e relevância global.

Essa realidade não vale apenas para política, mas para economia, moda, dietas, entretenimento, maternidade... Quer saber como investir seu dinheiro? Assista a um vídeo no YouTube. Tentando emagrecer sem deixar de comer pão no café da manhã? Leia a dica de algum blog. Seu filho não come brócolis? Compartilhe com outras mães no grupo do Facebook.

---

2   Mark Zuckerberg, fundador do Facebook; e Jack Dorsey, fundador do Twitter.

Existe um grande número de pessoas brilhantes que, por diferentes razões, não haviam atingido canais de expressão e agora os encontram no ambiente digital. Outro grupo muito presente são as pessoas comuns, nem gênios nem idiotas, mas que contribuem com seu grãozinho para o debate público, defendendo de modo sensato causas legítimas ou utilizando as redes sociais apenas para romper a solidão das grandes metrópoles e o isolamento geográfico.

Foi assim, com o empoderamento de cada indivíduo, que o poder da informação foi pulverizado. Não dependemos mais de Chatôs, Nassers ou Bonners para ficar por dentro das notícias ou formar opinião sobre algo.

CAPÍTULO 6

Fofoca e mídia

"A mídia é igualzinha à língua da vizinha", cantou Luiz Galvão, o poeta dos Novos Baianos. O fenômeno da fofoca, claro, também não é novo — é quase inerente à vida em sociedade. Naturalmente, foi incorporado também pelos veículos de comunicação, mas não se restringe a eles.

No século XVII, outro baiano, o poeta Gregório de Matos, ficou conhecido como "Boca do Inferno", por conta de seus poemas de escárnio e maldizer. E, já no século XX, o escritor colombiano (e prêmio Nobel de literatura) Gabriel García Márquez, talvez inspirado em Gregório, escreveu o romance *A má hora* (*O veneno da madrugada*), sobre um vilarejo cuja tranquilidade é sacudida por misteriosos bilhetes que circulam ao serem pregados nas portas das casas, denunciando crimes, traições e segredos.

A fofoca a respeito da vida alheia, enfim, existe desde que se criaram as vizinhas. Só mudam a amplitude e o volume de dinheiro que se ganha com isso. Mas saber jogar esse jogo midiático das fofocas não é para principiantes. Lady Di, uma das celebridades que melhor soube jogá-lo, morreu em um acidente de automóvel num túnel de

Paris, perseguida pelos mesmos paparazzi[3] que de uma forma ou de outra ela sempre alimentou.

Os jornais, originalmente voltados para informações cotidianas ou para as obras de ficção (seja o romance de folhetim impresso, seja a telenovela), passaram também a abrir cada vez mais espaço para o início, o meio e o fim de qualquer história: as pessoas.

Crônicas, perfis de políticos e empresários, astros e assassinos, entrevistas com personalidades e colunismo social acabaram por desaguar, em paralelo ao crescimento da indústria do entretenimento, em sua melhor forma com o *new journalism* de Gay Talese e Truman Capote; na pior forma, com essa Torre de Babel conhecida como "jornalismo de celebridades".

Membros da alta sociedade, astros da música, do rádio, do cinema, do teatro e, mais recentemente, da televisão e da internet passaram a povoar as páginas (impressas ou virtuais) dos grandes veículos de comunicação. A vida alheia, que desde sempre foi motivo de atenção, tornou-se o principal negócio de toda uma indústria, alimentando e retroalimentando o entretenimento, os negócios, a publicidade.

Para simples mortais, revistas e programas de celebridades se transformaram em portais para sonhos que não eram necessariamente seus, mas que, em certa medida, acabaram pautando seus próximos desejos. Para grande parte das celebridades, esse fluxo se tornou o rio de Narciso, o espelho d'água no qual se apaixonam por si mesmas, que não se cansam de contemplar e que as impede de olhar para os lados.

Uma vida inteira exposta publicamente para, quem sabe, tê-la registrada nas memórias da sociedade, ou nas páginas de busca do

---

3   Vale lembrar que o termo paparazzi (plural, em italiano, de paparazzo) foi popularizado pelo diretor italiano Federico Fellini em *La dolce vita*, filme que faz uma sátira da decadente e hedonista Roma dos anos 1950. No filme, o ator Marcello Mastroianni interpreta um repórter sensacionalista que é acompanhado, em suas andanças mundanas e visitas a celebridades, por um fotógrafo chamado Paparazzo.

Google, por muitos e muitos anos. Seriam esses o preço e o prêmio da fama?

A questão atual é que, cada vez mais, todos estão dentro desse jogo de exposição. O controle, embora nem sempre explícito, da mídia tradicional por um proprietário ou curador deu lugar à pulverização proporcionada pela internet, por meio de blogs, redes sociais e até mesmo aplicativos de mensagens instantâneas como o Twitter e o WhatsApp.

Houve um deslocamento progressivo. Primeiro, o interesse pela vida dos outros, que sempre existiu, passou a rivalizar com assuntos antes considerados mais "nobres" (política, economia, até mesmo esportes). Como forma de despertar o interesse de um número ainda maior de leitores, as revistas de variedades ganharam força e o colunismo social passou a ser quase onipresente nos diários mundo afora. E os personagens retratados diariamente se transformaram em objeto de desejo e curiosidade das massas.

Em seguida, os protagonistas desse jornalismo de celebridades se converteram, eles mesmos, em geradores de conteúdo. Algumas pessoas que já eram públicas se fortaleceram ao entender como usar as plataformas em benefício próprio, para impor suas narrativas. Isso inclui desde a estrela do cinema ou da música até o presidente que divulga cada passo que dá primeiro no Twitter e só depois nos canais oficiais, ou o jogador de futebol que cuida mais da imagem do que da performance. No fim, sabemos que, se não há gol, nada disso adianta, mas compreendemos também que o jogador que faz gols e ao mesmo tempo cuida da própria imagem ganha mais.

Por fim, no estágio atual, os consumidores desse tipo de informação encontraram nas mídias sociais um veículo para se tornarem, também eles, mídias ambulantes que editam seu próprio jornal, sua própria revista, seu próprio canal — realizando o que seria o pesadelo de Chatô. Movidos tanto pela vaidade quanto pelo culto onipresente dos famosos, querem e muitas vezes conseguem ter tanto impacto quanto as celebridades, levando ao paradoxo: antes, era necessário ser celebridade para influenciar; hoje, ambiciona-se ser um influencer e assim virar celebridade.

CAPÍTULO 7

A construção da imagem perfeita

No fim da década de 1960, o artista plástico Andy Warhol teve uma visão profética quando sentenciou que, no futuro, todos teriam quinze minutos de fama. Não só essa ideia vem se concretizando, como eu arriscaria ampliá-la: num mundo de influencers e haters, todo mundo terá quinze minutos para ser pedra e outros quinze minutos para ser vidraça. As mídias sociais transformam nossa vida particular em vida pública — não importa se você tem trinta ou 30 milhões de seguidores.

Em todos esses anos trabalhando próximo às celebridades, tenho visto com muita frequência o rabo balançar o cachorro, e não o contrário, como seria natural. Falo do fenômeno em que as celebridades perdem o controle sobre a própria vida e tentam reagir e responder como podem aos estímulos da imprensa, aos fatores externos. Por exemplo, o galã de novela que escolhe seu próximo trabalho considerando o projeto em que o concorrente acaba de ser confirmado. O casamento que termina e gera expectativa sobre qual dos dois membros do casal desfeito aparecerá feliz e acompanhado em público primeiro.

Em paralelo a isso, há uma busca eterna pela construção da imagem de que se leva uma vida perfeita — a necessidade de se mostrar bem, feliz, pleno e bem resolvido nas pequenas ações cotidianas. O corpo tem de estar em forma, a família precisa ser harmônica como a do comercial de margarina, as opiniões devem ser dadas de modo a não incomodar ninguém.

Trata-se de um dilema que o profético conto "Teoria do medalhão", de Machado de Assis, já discutia. Nele, o pai aconselha o filho a só falar obviedades e assim cair nas graças da sociedade. Para não desagradar a ninguém, abre-se mão da individualidade, do poder único de cada um, da beleza que é cada ser humano ser diferente dos outros. Assim, forma-se um exército homogeneizado de pessoas que seguem e reagem a impulsos de um mercado que só quer bolhas cada vez maiores e mais definidas, e que ganha, com essa audiência, seus cliques e seus likes.

CAPÍTULO 8

Compartilho, logo existo

As redes sociais, ao contrário do que se instituiu como óbvio, não surgiram com a internet. Muito antes de se pensar em criar algo parecido com a World Wide Web (o "www" das páginas virtuais), a sociologia já havia cunhado o termo para definir as interações e formas de relacionamentos entre indivíduos, grupos sociais, organizações privadas, instituições públicas ou até mesmo países. Simplificando: rede social é qualquer ambiente no qual as pessoas possam entrar em contato com outras e partilhar vivências, informações e opiniões.

Por essa lógica, uma sala de aula, uma ONG ou até mesmo um jantar — quando as pessoas se reúnem ao redor de uma mesa, interagem por meio da troca de palavras, olhares e impressões sobre seu dia, e essas conexões perduram — são também redes sociais. Esse comportamento humano define a vida em sociedade, a ideia de que todos estão ligados em alguma esfera e de que cada existência individual se confirma através dessa interação.

A internet fez o que geralmente faz: potencializou essa situação e estendeu seus horizontes ao infinito. Temos então um mundo inteiro conectado, produzindo e consumindo conteúdo coletivo, construindo narrativas através das redes sociais virtuais ou digitais.

Desde seus primórdios, com as salas de bate-papo, os aplicativos de trocas de mensagem como mIRC e ICQ, passando pelo Six Degrees — que muitos consideram o precursor de plataformas como o Orkut e o Facebook — e ainda por YouTube, Twitter, Fotolog, Instagram, Snapchat e Myspace, a internet fez com que as relações pessoais se multiplicassem.

Mas houve também uma mudança qualitativa. Apesar de o compartilhamento sempre ter sido um traço da vida social — desde as pequenas comunidades tradicionais baseadas na troca de bens materiais e simbólicos —, hoje o ato de compartilhar ideias, iniciativas ou a imagem de alguém é a própria moeda de troca. Quando o outro curte e replica meu conteúdo, valho mais. É como se nossa existência dependesse de uma forma de confirmação ou validação do "eu". Nesse sistema de compartilhamentos virtuais há também certa competição, pois as redes sociais e as plataformas digitais têm uma estrutura de jogo para garantir que a movimentação e o nível de engajamento continuem sempre crescendo.

CAPÍTULO 9

A dinâmica das multidões

Essa comunidade virtual e em rede nos trouxe uma nova modalidade de opinião pública. No sentido mais óbvio, de tendência consensual ou expressão do desejo da maioria, o termo "opinião pública" sempre existiu com outros nomes — desde o *consensus populi* romano ou a *vox populi* medieval. O que variava era a forma de consultá-la e identificar seus desejos, suas escolhas, suas decisões: assembleia, plebiscito, referendo, eleição, sondagem de opinião.

Da maneira como a usamos hoje, a expressão nasce de fato com as democracias modernas, em especial a democracia norte-americana e seus valores igualitários (em que todos são iguais perante a lei, têm os mesmos direitos individuais, podem ter participação e representatividade no poder qualquer que seja sua classe social). A construção desse novo conceito, na época, era ao mesmo tempo encantadora e chocante. Para pensadores que haviam nascido e crescido sob regimes aristocráticos (como o francês Alexis de Tocqueville, autor do clássico *A democracia na América*), o respeito à opinião pública, por outro lado, poderia representar mediocridade intelectual, rebaixamento de ideias e ideais ao nível do senso comum, além de constituir o risco de restaurar uma nova forma de opressão, a tirania da maioria.

A opinião pública sempre foi, como o nome já diz, pública. Privados eram os meios de se chegar a ela e de influenciá-la. Hoje vivemos uma situação difusa, na qual se tornou um desafio atingir a maioria ou identificar a tendência consensual, porque as plataformas estão em todos os lugares. Mas, ao mesmo tempo, as conversas estão concentradas em bolhas por meio dos algoritmos. Ou seja, se a opinião pública ajuda a formar minha própria opinião, o que fazer quando eu só tenho acesso àquela que me interessa?

Enfim, a opinião pública expressava e representava o desejo da maioria numa sociedade massificante, como foram os grandes Estados nacionais modernos, republicanos e centralizados. Ao longo do século XX, a sociedade de massa mostrou os dentes, na forma de movimentos totalitários com grande sustentação popular, como os diferentes fascismos e o comunismo. E, em países democráticos, gerou aquele tipo de sociedade descrita pelos teóricos da Escola de Frankfurt que mencionei no capítulo 4, em que os meios de comunicação e a indústria do entretenimento serviram para mercantilizar tudo, "coisificar", igualando o cidadão ao consumidor.

A cultura massificada foi transformada em mercadoria, assim como as pessoas, com seus corpos, suas imagens e suas narrativas. O mesmo aconteceu com a opinião pública e a comunicação entre as pessoas.

Hoje, temos acesso à vida de quase qualquer um apenas digitando seu nome no Google. Em qual empresa a pessoa trabalha, quando passou no Enem, sua data de aniversário, suas fotos de formatura, sua visão de mundo a partir de mensagens postadas, quem são seus amigos ou em que festa estava presente no último fim de semana. As mídias sociais funcionam como uma espécie de combinação entre dossiê pessoal, currículo profissional e coluna social, muito mais poderosa do que as páginas de celebridade dos veículos tradicionais e mais acessível a todos do que qualquer arquivo governamental.

Não é só isso, porém. O número de acessos, compartilhamentos e likes de uma página no Instagram ou de um canal no YouTube pode ser "monetizado", rendendo alguns trocados — e com certeza muitos dividendos para as diferentes plataformas que são inocentemente alimentadas.

Duas outras mudanças importantes foram introduzidas pela nova modalidade de opinião pública. A primeira é que, no passado, e não faz muito tempo, ela era uma grande massa amorfa de pessoas, cujas ideias, crenças e expectativas só podiam ser detectadas com base em levantamentos mais ou menos genéricos, como pesquisas de opinião, plebiscitos ou votações. Hoje, com o advento das redes sociais, temos uma espécie de individualismo massificado.

A própria sociedade de massa já não valoriza tanto mensagens e palavras de ordem coletivas, modas e ideologias, outrora aglutinadoras e uniformizantes, que achatavam as individualidades. O maior valor está hoje nas micronarrativas, visíveis tanto nos costumes e roupas das tribos urbanas quanto nas reivindicações pulverizadas dos discursos identitários das minorias. Exemplos disso são movimentos nas redes sociais como a #PrimeiroAssédio, que surgiu por iniciativa do coletivo feminista Think Olga depois de comentários machistas direcionados a uma participante de doze anos num programa de TV. A partir desse movimento, muitas mulheres sentiram-se à vontade para usar a hashtag e contar sobre a primeira vez que foram assediadas, criando uma rede que deu voz às histórias individuais dentro do universo feminino. Outro caso foi a campanha "Somos todos Amarildo". A iniciativa chamou a atenção para os mortos e desaparecidos em ações policiais depois de o ajudante de pedreiro Amarildo de Souza ter sumido ao prestar depoimento numa Unidade de Polícia Pacificadora (UPP), no Rio de Janeiro, o que abriu caminho para uma narrativa que talvez não tivesse espaço sem as mídias sociais. Ou ainda o debate sobre apropriação cultural gerado pelo uso de turbantes por mulheres brancas, que partiu da repercussão de um depoimento pessoal na França.

A rede social cria em cada um de nós — e na bolha virtual que habitamos — uma nova forma (talvez uma ilusão) de singularidade. É uma infovia de mão dupla. De um lado, posso me expressar e me fazer ouvir no meio do turbilhão das vozes indistintas que compõem esse amálgama chamado "sociedade"; de outro, os algoritmos criados pelas redes sociais, que organizam as informações de acordo com o interesse de cada usuário, fazem com que tanto mensagens publicitárias quanto opiniões de grupos sociais ou comunidades virtuais apareçam na minha linha do tempo como se fossem destinadas exclusivamente a mim e à minha tribo. Como se meus anseios e convicções tivessem sido ouvidos por alguém de carne e osso. Como se o mundo ao redor tivesse uma curadoria criada especialmente para me satisfazer. Na verdade, estamos apenas na teia de um software programado para retroalimentar likes e visualizações. Essa dinâmica nos faz acreditar que nossa narrativa importa, faz sentido e é majoritária.

A segunda mudança é que, dentro desse panorama no qual cada um é editor e curador de si mesmo, não é raro vermos Facebook, YouTube e WhatsApp como fontes de notícias tão acessadas e respeitadas quanto as seções de política ou economia de jornais, revistas e noticiários televisivos. Novamente, há os dois lados da moeda. Algumas pessoas que antes não tinham palco, mas conheciam sobre determinado assunto, ganharam espaço para difundir informações. Porém, nem todos os que ganham fama e relevância no mundo virtual são fontes confiáveis. Por isso, há o ônus da perda da confiabilidade das notícias, do lastro de verdade representado pela apuração rigorosa do jornalismo convencional. Daí a proliferação das fake news e a súbita e misteriosa "autoridade" dos novos formadores de opinião.

Tanto quem cria sua página na internet para falar sobre seu cotidiano e postar selfies com o look do dia quanto quem quer ser reconhecido por suas opiniões pretende se destacar da massa. Busca tornar-se visível e único, ser reconhecido. Isso é resultado, junto com a criação das ferramentas da internet, de um contexto bem mais amplo. Tanto que, para dar conta dessa situação num âmbito macropolítico, dois importantes pensadores contemporâneos, Antonio Negri e Michael Hardt, criaram uma nova perspectiva na visão sobre a multidão e o indivíduo.

Para eles, a nova forma de organização de poder já não contrapõe diferentes estados em relação de dominação e sujeição, mas um vasto império horizontal e abrangente: o mundo interconectado da globalização, a rede de poderes e contrapoderes de uma república universal. Nesse império sem território, fronteiras e exércitos, a própria ideia de povo (ou massa) é substituída pelo conceito de multidão.

O povo é uno. A multidão, em contrapartida, é múltipla. A multidão é composta de inúmeras diferenças internas que nunca poderão ser reduzidas a uma unidade ou identidade única. Diferentes culturas, raças, etnias, gêneros, formas de trabalho, maneiras de viver, visões de mundo e desejos. A multidão é uma multiplicidade de todas essas variações singulares, que encontram uma forma de se autogerir, num fluxo e refluxo de ideias e de relevância, não mais totalmente orientados por um líder, mas sim por uma constelação de indivíduos e suas próprias singularidades, que influenciam mais ou menos a direção das massas ao sabor do contexto e do algoritmo. A inteligência das massas, da multidão, está em considerar a singularidade de cada um. Mesmo com todos os reveses do mundo de hoje, o indivíduo nunca foi tão poderoso como quando está conectado em rede.

Trazendo essa reflexão do macro para o micro, das vastas relações de poder em escala global para nossas existências pueris: grande ou pequeno, você se tornou único, singular. Tem um público, um número de leitores e visualizações e, de certa forma, uma responsabilidade individual, muito maior do que na época em que sua identidade se diluía no grupo, nas identidades coletivas. Com isso, a vida de quem se conecta se transformou num reality show e, por consequência, está no centro do palco 24 horas por dia. Errando, acertando, caindo, levantando e, sobretudo, seguindo em frente. O show não pode parar.

Com a potencialização das mídias sociais, as relações de tempo e espaço foram completamente relativizadas. Espaço porque é possível acompanhar eventos e conversas sem a necessidade de estar fisicamente presente — não precisamos mais dividir a mesma sala para participar do debate. Porque tudo pode ser agora, ao mesmo tempo, ou na hora em que você acessar sua linha do tempo. O que for mais relevante vem à frente. E tempo porque a cronologia já não importa — notícias de cinco anos atrás voltam à tona repaginadas para servir de matéria-prima para as fake news.

Quando falamos em entretenimento, a mudança é ainda mais emblemática, pois essa indústria sempre se baseou na lógica da exclusividade para agregar valor a seus produtos e serviços. O show que ninguém jamais havia visto. A festa com celebridades que só se viam na TV. Os encontros musicais que só aconteciam na varanda da casa de Caetano Veloso. A vista da festa que só existia para quem tinha a pulseira do camarote VIP. Indo além, os melhores e mais exclusivos comentários sobre o que acontece, antes restritos às rodas de amigos e aos colunistas sociais mais influentes, agora estão expostos e disponíveis para milhões de pessoas através das trocas de mensagens. Pois é, muitas coisas foram potencializadas, inclusive a fofoca.

Certa vez, Nelson Rodrigues escreveu: "Não estarei insinuando nenhuma novidade se afirmar que nunca houve uma multidão inteligente". O que diria ele da dinâmica das multidões nas redes sociais atuais? Hoje o indivíduo não está mais diluído nas grandes multidões e audiências de TV; hoje a multidão tem uma vida que pulsa exatamente a partir dessa cadeia de impulsos, desastrados ou não, de cada um dos membros que a compõem.

Fenômenos como a Primavera Árabe e movimentos como as manifestações de junho de 2013 no Brasil — que começaram como protestos contra o aumento das tarifas do transporte público e que se ampliaram para canalizar várias indignações com o poder público — são exemplos da inteligência das multidões. Mostraram a capacidade da multidão de se organizar e agir coletivamente contra o sistema. Contudo, precisamos entender também que isso provocou uma reação na parcela mais conservadora, gerando a onda reacionária que vivemos hoje. Uma corrente não elimina a outra; elas acontecem ao mesmo tempo e se reforçam mutuamente.

A inteligência das multidões está em indivíduos que aprenderam a se comunicar ativamente em redes sem perder sua identidade; está naquela singularidade que Hardt e Negri identificaram como grande característica de sucesso e poder na nossa época: a possibilidade de viver em multidão e até mesmo de influenciá-la, sem perder sua individualidade — em alguns casos, reforçando-a.

CAPÍTULO 10

Relevância e engajamento

Nessa época em que os meios de comunicação estão pulverizados e cada pessoa tem sua narrativa pública, os protagonistas do engajamento mudaram. Se antes eram os artistas, intelectuais, líderes, hoje qualquer um com uma conta nas redes sociais pode se destacar. Essas pessoas podem, a qualquer momento, divulgar uma causa, mobilizar conhecidos e desconhecidos em torno dela, agendar um protesto na avenida Paulista por meio de um evento no Facebook. Os influenciadores, ou seja, as pessoas acompanhadas por milhares de seguidores em seus perfis nas redes sociais, são especialmente poderosos para iniciar discussões e impulsioná-las para a viralização. Se uma pessoa com 1 milhão de seguidores em sua conta no Instagram posta uma mensagem, em poucos minutos quem a acompanha já está discutindo nos comentários se gostou ou não, se concorda ou discorda.

Na rígida e monolítica hierarquia das mídias tradicionais, os famosos só conseguiam transmitir sua mensagem nos grandes veículos de comunicação ou em pequenos jornais e revistas de circulação muito restrita. Em tempos de redes sociais, o cenário em que uma celebridade atua é diferente: ela pode até ter conquistado fama em filmes e programas televisivos convencionais, mas fala e adquire consistência nas várias plataformas.

Até pouco tempo, a mídia tradicional era quem definia o conteúdo: noticiava-se e dava-se a voz a quem havia se tornado célebre por suas opiniões, obras ou ações noticiadas. Aos poucos, os blogs e, mais tarde, as redes sociais foram substituindo tanto jornais e emissoras quanto sites de notícias ou de colunismo social. A mão se inverteu: são as redes sociais que dão as cartas, e, na prática, torna-se notícia ou pauta jornalística quem — celebridade ou não — bombou nas redes.

Mas quem (ou o quê) bomba nas redes? Qualquer tipo de conteúdo que ganhe relevância no ambiente digital, isto é, que leve assuntos ou conversas ao topo de nossas linhas do tempo, que estimule muitas pessoas a interagir simultaneamente ou que dê origem a novas discussões.

Essa lógica da relevância tem a ver com o fato de que as plataformas que nos conectam de maneira virtual são sistemas que nos estimulam o tempo inteiro a falar mais da mesma coisa, a repetir mensagens e a nos posicionar a respeito de tudo ou todos, como se isso fosse obrigatório. É o que Hardt e Negri definiram como a mediatização nos indivíduos, que se sentem obrigados a fazer parte do sistema de mídia, dando likes, compartilhando e repetindo toda e qualquer conversa que ganhe relevância em suas redes.

Vivemos num sistema desenhado precisamente para que todos sejam pressionados a se pronunciar, sempre. É preciso, então, ter consciência do processo por meio do qual somos impelidos, entender que há o direito à não opinião e concluir o que fazer e o que não fazer, quem admirar e quem não admirar.

Tenho insistido no fato de que, seja um influenciador ou um anônimo internauta, você não tem a obrigação de se posicionar. Temos direito ao silêncio, o direito de não ter opinião. Como há também momentos em que questões éticas, de valores e costumes o tocam tão profundamente que você se vê obrigado a se manifestar, se engajar, ou até mesmo criar naqueles que o influenciam a sensação de que devem se manifestar sobre um assunto que ganhou relevância e que se tornou importante na rede.

Digamos que você tem verdades que o representam, gostos que deseja compartilhar, uma opinião que pretende dividir com o mundo. Para atingir as pessoas, sua história tem de ser relevante. Hoje, com as redes sociais, engajar-se significa não apenas sustentar uma ideia ou um hábito, mas também conquistar cumplicidade, envolver os outros em suas mensagens. A paixão ou a agressividade crescente em posts e comentários se explica por essa dinâmica em que uma opinião, para existir e sobreviver, precisa provocar reações de quem lê ou curte seu conteúdo.

Retomando um texto que escrevi para o jornal *Meio & Mensagem*,[4] o engajamento se define hoje, no âmbito da comunicação, como um conjunto de sinais de que seu conteúdo é interessante, mas que também é acessado, lido, comentado, compartilhado e, se possível, remixado.

Até um passado recente, o termo engajamento estava associado exclusivamente a questões políticas. Falava-se em engajamento partidário ou na figura do artista engajado, que fazia de suas criações (livros, músicas, filmes) uma forma de despertar a consciência crítica e ideológica de seu público. Basta lembrar das canções de protesto de músicos como Bob Dylan ou Chico Buarque, durante os movimentos contraculturais de contestação da ordem social e política, nos anos 1960 e 70.

Hoje em dia, a palavra pode significar também engajamento em direitos de uma minoria étnica, na transformação de uma praça abandonada pela prefeitura, no projeto de um amigo ou na narrativa de uma empresa. Essa transformação tem a ver com um processo que as pessoas de minha geração puderam testemunhar.

Na época da chamada Guerra Fria, o mundo era dividido de modo mais ou menos claro entre direita e esquerda, capitalistas versus comunistas, conservadores versus progressistas. Com a queda do muro de Berlim e o desaparecimento do bloco comunista na Europa Oriental, essa repartição se dilui, dando lugar a lutas sociais mais pulverizadas, atomizadas.

---

4   "O que está matando as revistas e transformando o PR", 7 ago. 2018. Disponível em: <meioemensagem.com.br/home/opiniao/2018/08/07/o-que-esta-matando-as-revistas-e-transformando-o-pr.html>.

No cenário contemporâneo, em que não há mais uma polarização entre dois impérios (Estados Unidos e União Soviética) e massas agrupadas em torno de setores sociais claramente identificáveis, o que vemos é um mundo ao mesmo tempo multipolar (com diferentes potências econômicas e/ou militares) e unificado pela rede da globalização. É o império horizontal de que falam Negri e Hardt, com sua multidão constituída por singularidades individuais e identidades singulares.

Nenhuma revolução à vista, mas muitas sublevações e reivindicações vindas de massas de pessoas agrupadas por etnia, gênero ou religião. O fim da Guerra Fria viu o surgimento das chamadas *guerras culturais.* A energia que era empregada em causas políticas de grandes coletividades (trabalhadores, países colonizados ou oprimidos por tiranias) foi canalizada para a luta pelos direitos civis de coletividades singulares, como negros e homossexuais, e para questões como cotas para afrodescendentes, casamento entre pessoas do mesmo sexo, direito ao aborto ou a vestir burca numa escola laica.

Curiosamente, no mundo globalizado, esses grupos já não travam batalhas por transformações globais, mas para afirmar suas identidades. E como o fim da economia capitalista não está mais no horizonte, as reivindicações já não se restringem nem mesmo a minorias identitárias, como as feministas, ou a questões éticas ou políticas. O engajamento também diz respeito à forma como pessoas identificadas por gostos e estilos — desde música sertaneja até video games — se mobilizam para buscar o acalanto que as pequenas comunidades oferecem no cenário impessoal da massificação, da indústria cultural e de entretenimento.

Assim, o engajamento ganha dois sentidos: o primeiro, o de abraçar uma causa, defender uma ideia e seu potencial de transformação; o segundo, de usar as ferramentas do nosso tempo para envolver tantas pessoas quanto possível em nossos projetos e ideais. Não basta mais se engajar de dentro para fora, é preciso engajar os outros, trazer o externo para perto. As mídias tradicionais estão morrendo justamente pela incapacidade de engajar as pessoas no mundo digital e em suas narrativas. O número de assinantes em boa parte dos jornais e revistas cai de maneira vertiginosa. Hoje, para muitos, o blogueiro de celebridades Hugo Gloss é mais influente do que a revista *Veja*. Gabriela Pugliesi, referência em fitness e bem-estar, sozinha, é mais relevante, influente e lucrativa do que a finada revista *Boa Forma*.

Apesar da onda pessimista, alguns veículos tradicionais estão conseguindo se manter vivos e relevantes, fazendo os leitores migrarem para seus planos de assinatura digital. No início de 2018, o *New York Times*, um dos jornais mais conhecidos do mundo, anunciou que a receita com assinaturas havia ultrapassado a marca de 1 bilhão de dólares no ano anterior. Alguns meses antes, o *Washington Post* revelara que já estava com mais de 1 milhão de assinantes em sua base. São dois exemplos de marcas conhecidas do jornalismo que conseguiram atender aos novos hábitos dos leitores da internet, a ponto de convencê-los a pagar pelo serviço de acessar conteúdo on-line. E, em tempos de fake news, o jornalismo tradicional nunca fez tanta falta.

Acontece que vivenciamos, hoje, situações em que ter conteúdo consistente e confiável é tão importante quanto ter capacidade de engajar os leitores neles. Ou seja, é preciso garantir que os outros estejam interessados em sua narrativa, tenham prazer em se relacionar com ela e compartilhá-la.

Essa capacidade de criar conexões e interações é algo que os veículos tradicionais podem estar incorporando, mas que os novos geradores de conteúdo fazem com maestria. As mesmas pessoas que deixaram de pagar pelo jornal hoje assinam grupos no WhatsApp: pagam para estar em grupos fechados com informações sobre trânsito, política, música ou futebol. Optam pela curadoria informal, e por vezes insegura, de memes e notícias. Priorizam ambientes mais pessoais onde possam debater os assuntos que lhes interessam sem qualquer filtro.

Essa disputa por ganhar relevância pode até ter enfraquecido o jornalismo tradicional, mas por outro lado abre um mundo de possibilidades. Nunca se consumiu nem se compartilhou tanto conteúdo. A tecnologia e as diferentes plataformas podem ser utilizadas a favor da criatividade. A questão é como ter relevância qualitativa num ambiente em que a visibilidade é quantitativa. Se houver ousadia para criar novos caminhos, o que não falta são ferramentas inovadoras para contar histórias — as nossas, de nossas empresas e das pessoas ao nosso redor.

CAPÍTULO 11

Influenciar não é profissão

Pode ser que você faça parte do grupo daqueles que escolheram ler este livro justamente em busca de gerar conteúdo relevante. Talvez queira até ganhar mais projeção, usando as redes para potencializar quem você é e, eventualmente, se tornar um influenciador digital.

Devo confessar que não gosto do termo influenciador, porque não vejo isso como profissão. Uma pessoa pode influenciar os outros pelo que ela é, pelas opiniões que tem, pelo que faz ou pela sabedoria — ou asneiras — que compartilha. Influenciar não é ocupação principal, mas sim a consequência do que alguém tem para oferecer e da maneira como posiciona sua imagem em público.

O problema surge quando postar e dar opinião deixa de ser uma oportunidade bem aproveitada e se transforma numa compulsão. Quando o internauta decide sair de sua condição de cibercidadão anônimo e, tendo sua vaidade natural inflada pelo circuito das celebridades, aspira ser um digital *influencer*.

Cada vez mais vemos pessoas se autodenominando influenciadoras, figuras públicas ou algo do gênero. São pessoas que desejam se tornar influentes para ser mais relevantes e ganhar dinheiro com isso, mas eis aí um caso em que a ordem dos fatores realmente altera o produto. Pessoas que compram seguidores, que mimetizam influentes de que gostam, que simulam relações comerciais ou encenam estilos de vida com foco em parecer influentes estão tentando criar uma imagem para atender o gosto do público, e não conquistando os seguidores com algo genuíno. É o caso das blogueiras que pagam para passar uma tarde no exclusivo Hotel Fasano do Rio de Janeiro e produzem diversas fotos para postar ao longo do ano, como se elas se hospedassem todo mês no hotel mais luxuoso do país.

Precisamos parar de ser tão obcecados pela ideia de influência por influência, influencer por influencer. Hoje há cursos universitários e publicações sobre o assunto, mas nada, absolutamente nada, fará sentido se o fato gerador da influência não for genuíno. Não precisa nem ser único, mas tem de ser seu.

Contudo, não há como negar que, pelo menos no momento, cada pessoa passou a ter em mãos a possibilidade de construir sua narrativa. A influência virou negócio. O adjetivo "influente" originou o substantivo "influenciador". É de se perder de vista o número de pessoas que se definem como influencer no perfil de suas redes sociais ao descrever suas atividades, remuneradas ou não.

Já havia influência antes da internet e também um termo para qualificar essas pessoas: eram os formadores de opinião. Tratava-se de quem, por conta de sua área de atuação, tinha o poder de decodificar tendências, comportamentos e, por isso, influenciar as opiniões de quem os acompanhava. Em geral, estavam na mídia tradicional, em jornais, televisões, rádios, no mundo da literatura e das artes (em especial na figura do curador), e tinham sua voz ouvida e difundida. Mas, antes e acima de tudo, tais pessoas eram historicamente consideradas formadoras de opinião porque tinham uma razão de existir.

Por que você acorda todas as manhãs? Qual sua vocação, seu trabalho? O que busca realizar, ou o que já realiza? Qual seu impacto na vida das pessoas à sua volta? Como você transforma o mundo, e como o mundo o transforma? Para que sua história seja interessante para todas as outras criaturas do planeta, é preciso que, primeiro, você de fato tenha algo para contar, um exemplo a dar, seja com suas ações, seja em seu posicionamento em relação àquilo que acontece.

Se sua ideia, ao criar um perfil nas redes sociais, é apenas e exclusivamente se transformar num influenciador digital e se tornar uma pessoa famosa, ser convidado para as festas e ganhar presentes, talvez seja melhor procurar outro propósito. Costumo dizer que querer achar um caminho para ser influente ou famoso, por si só, já o deixa menos influente ou famoso.

Nesses meus anos lidando com artistas, celebridades e gestão de imagem, vi gente fazendo coisas impublicáveis para se tornar o assunto da vez, mas sem de fato alcançar seu objetivo. Há um desespero cego que transforma a ânsia de se destacar num vício constrangedor.

CAPÍTULO 12

Lições fundamentais para influenciadores

Antigamente, para ver e ser visto, era preciso frequentar as praças das cidades ou os grandes eventos onde todo mundo se encontrava para conversar, paquerar e se fazer notado. Nas cidades maiores, esses encontros ocorriam nos badalados acontecimentos sociais, como jantares, festas de casamento, aniversários ou cerimônias em clubes. Com a internet, as redes sociais se transformaram nessas praças virtuais. Naquela época, como hoje em dia, as pessoas se aglutinavam ao redor das mais populares, mais carismáticas, mais bonitas, interessantes, talentosas ou que tinham alguma coisa inteligente ou divertida para dizer. O "ver e ser visto" na praça segue a mesma lógica dos likes atuais. A gente vai atrás de quem tem algo para nos oferecer.

Se você quer ser um influenciador, além de se preocupar com o alcance e a relevância de suas páginas, lembre-se desta questão fundamental para se destacar na multidão: as pessoas só irão segui-lo se gostarem de você e se identificarem com sua narrativa. Você precisa gostar de quem é e estar confortável com a maneira como se apresenta. Mais do que isso, precisa definir um propósito prático.

Quais são seus gostos, suas vontades e a ocupação que, de fato, você quer exercer? Quer falar de moda, comentar as notícias da semana, ser um cantor ou jogador de pôquer? Seja qual for o escopo que escolher, invista nele e use os veículos digitais para aumentar o poder de alcance de seu propósito. Não queira ser apenas um influenciador sem resposta a essas perguntas, porque são grandes as chances de você fracassar. Antes de sonhar em acrescentar termos como digital influencer à sua bio, permita-se questionar aonde você quer chegar de verdade. Procure o que você gosta, aquilo que o faz feliz, realizado, e ponha em prática na sua vida. Uma pessoa interessante é uma pessoa que sabe quem é, aonde quer chegar e como vai chegar. Siga em frente quando souber qual é seu projeto.

Depois, estude e aprofunde-se nos assuntos que lhe interessam, caso ainda não os domine. Com conteúdo e embasamento fica mais fácil se destacar na área em que escolheu atuar, assim, por consequência, você será uma pessoa e um profissional bem mais interessante. Construa sua imagem pública dividindo suas descobertas e seu conhecimento. Acima de tudo, nunca deixe de ser curioso e de testar. Diga sim para as experiências e oportunidades que surgem na sua vida. Quando você se abre para o mundo, pode chegar a lugares que nunca imaginou e se tornar uma versão melhor e mais completa de si mesmo, ainda que enfrentar o novo ou desconhecido seja por vezes doloroso e assustador.

Procure nunca mentir para os seus seguidores. O que não significa que você deve ser um livro aberto. Como assim? Bem, todos temos segredos, e as redes sociais e a internet não são espaços para despejarmos nossa vida inteira. O interlocutor não é seu confessionário e não precisa saber de tudo sobre você. Se há assuntos que você prefere não mencionar, crie estratégias. A lua está inteira no céu, mas só enxergamos o lado que brilha. Sequer lembramos que existe um lado escuro.

Já lidei com pessoas que não gostavam de ser questionadas sobre seus relacionamentos. Quando os jornalistas traziam esse assunto à tona durante as entrevistas, se sentiam desconfortáveis. Inclusive, dias antes já ficavam tensas só de pensar que esse tema surgiria. Nessas situações, criamos táticas para focar na imagem que a pessoa quer construir — informações, aliás, que dizem muito mais sobre sua vida do que seus relacionamentos. Chegar às entrevistas com uma energia positiva, sempre sorrindo e falando empolgado sobre os trabalhos atuais, contar boas histórias dos projetos em que se envolveu recentemente, não criar silêncios constrangedores e ter sempre um assunto na ponta da língua são algumas das estratégias. Pode até não parecer, mas estabelecendo um ritmo e um universo de assuntos para desenvolver, as conversas ficam mais sob controle.

Outra lição que considero fundamental para influenciadores é simples: é permitido se contradizer. Todos se contradizem na vida, todos mudam de ideia. As pessoas não devem ter medo de assumir suas transformações. Explico: uma mudança de posição que surge depois de um aprendizado ou com a descoberta de uma nova informação, que muda a perspectiva, não só se justifica como também engrandece. Elas são legítimas e fazem parte da evolução de todo ser humano. Se a transformação for verdadeira e explicada, ela vai apenas fortalecê-lo.

Hoje, quando as redes sociais já ultrapassaram pelo menos uma década de existência, é muito comum buscar contradições em pessoas públicas a partir de posts antigos. O que fazer? Apagar o histórico ou encarar a história? Pensando a longo prazo, a segunda opção é sempre a melhor. Lidar com o passado é o melhor caminho não só para a evolução pessoal, mas também para a evolução da imagem pública.

Por fim, sempre pense antes de postar. Evite cair na armadilha do excesso. Vivemos num sistema midiático que nos estimula a postar a mesma coisa que todos os outros estão postando, a ter opinião sobre tudo, a projetar desejos e anseios, gritar e espernear reclamações, reagir sempre sob impulso numa dimensão de texto e contexto literalmente infinita. Não precisa ser assim. Cada espirro de expressão que se propõe a ser público merece um milésimo de segundo de reflexão. O filósofo francês Gilles Deleuze escreveu que o problema não é mais fazer com que as pessoas se expressem, mas sim proporcionar pequenos espaços de silêncio e de solidão para que elas encontrem algo que de fato valha a pena ser dito. Manter um espaço para que haja essa ponderação e esse juízo de valor é fundamental nos dias de hoje.

CAPÍTULO 13

Transmídia: navegando pelas diferentes plataformas

Depois de toda a revolução tecnológica e de linguagem que vivemos, ser relevante requer saber navegar entre as diferentes mídias. Porque a sociedade agora é multitela (de olho na televisão, no tablet, relógio, telefone, computador) e multiplataforma (Facebook, YouTube, Instagram, LinkedIn, Twitter, Snapchat e em breve uma nova rede para dominar nossa atenção).

Essa abundância tornou o trabalho de comunicação das narrativas ainda mais desafiador. Assim como as histórias na televisão e no jornal impresso são contadas com técnicas diferentes, hoje precisamos nos adaptar aos diversos públicos, linguagens, formatos e objetivos das redes sociais. Cada uma tem suas próprias regras de interação, às vezes até uma espécie de código de conduta implícito. Deve haver uma coerência da mensagem lançada em todas as mídias, claro, mas o formato precisa ser flexível.

Um exemplo que podemos usar para ilustrar e entender essa complexidade é o Instagram. A imagem é o recurso privilegiado nessa plataforma, e as histórias são contadas por meio de fotos e vídeos, ao contrário, por exemplo, do Twitter, em que o texto é mais utilizado. O curioso, no entanto, é que o próprio Instagram se divide entre duas categorias: a linha do tempo e os stories. O primeiro recurso é como um mural de fotos: todo conteúdo que o usuário publica aparecerá em sua página do perfil em ordem cronológica. Já os stories são um repositório de imagens e vídeos que desaparecem 24 horas depois da postagem. Surgiu inspirado no sucesso de outra rede social, o Snapchat, que foi criado em 2011 e já havia conquistado jovens do mundo todo em 2016. É a apoteose do efêmero, que ganha cada vez mais espaço em nossas vidas.

A questão é que o tipo de imagem compartilhada na linha do tempo e nos stories é diferente. Em um, ficam as que registram os acontecimentos mais importantes, as fotos mais bonitas, que fazem parte da narrativa principal do usuário. O aniversário de um ano do filho, por exemplo. Em outro, as imagens efêmeras, que não têm tanto valor estético ou que não merecem ficar registradas para a posteridade. De alguma forma, a lógica pela qual se decide o que vai para os stories e o que fica na linha do tempo nos oferece uma boa analogia de como podemos editar e montar nossa narrativa pessoal.

Outro exemplo é a maneira como algumas personalidades se relacionam com a imprensa. Dar uma entrevista para o jornal *Folha de S.Paulo* é diferente de falar com um repórter do *TV Fama*, que é diferente de dar uma entrevista ao Pedro Bial. Isso não significa que a verdade e as convicções do entrevistado mudam de acordo com o jornalista, mas ele adapta a linguagem e dá mais ênfase aos temas que são de interesse do público leitor ou espectador.

Gosto de lembrar de como Gilberto Gil se posicionou na época das discussões sobre as biografias não autorizadas no Brasil, iniciada com a polêmica em torno de um livro sobre o cantor Roberto Carlos. Certo dia, Gil desembarcou no aeroporto do Galeão, no Rio de Janeiro, e foi abordado pela equipe do programa *Pânico na TV*, que estava em busca de um depoimento seu. Enquanto os apresentadores o provocavam, ele permanecia impassível. Ficou mudo. Esperou seu carro chegar, guardou a mala e saiu do aeroporto sem abrir a boca. Por que ele não falou? Porque não acreditava que a melhor plataforma para discutir biografias não autorizadas de pessoas públicas era o *Pânico na TV*. Nada contra o programa, mas se ele fosse se pronunciar sobre um assunto que considerava tão complexo e relevante, seria com outros interlocutores.

Da mesma maneira, um assunto que está sendo debatido no nível da piada não pode ser respondido com uma nota séria numa revista semanal. Falando em família Gil, foi o que aconteceu com a chef Bela Gil, filha de Gilberto, alvo de brincadeiras na internet por conta de suas dicas saudáveis e naturais, como substituir pasta de dente por cúrcuma. Os memes com o mote "você pode substituir" viraram febre na internet. Numa entrevista concedida nos bastidores do programa *Mais Você*, da apresentadora Ana Maria Braga, a chef recomendou "substituir gente chata por salada de abacaxi com pepino, por exemplo", mostrando que sabia entrar na brincadeira e responder no canal adequado. Aos poucos, mais do que críticas ao trabalho de Bela Gil, os memes se tornaram uma forma de protesto e ironia, como o que foi divulgado no Dia das Mulheres: "Você pode substituir meus parabéns de hoje por respeito e igualdade nos outros dias do ano". Ela não precisou desmerecer sua narrativa nem perdeu o bom humor diante das críticas. Levou a melhor sabendo se posicionar nos canais adequados.

Saber usar as plataformas também significa ser sensível à extensão da declaração a ser feita. Por exemplo, se um jornalista me pede o depoimento de um de meus clientes sobre a morte de algum colega ou famoso, eu não envio um texto longo de dez parágrafos, porque sei que naquela reportagem aparecerá apenas uma declaração curta, talvez até uma simples frase entre aspas. Da mesma maneira, dominar a narrativa nas redes sociais requer ter a sensibilidade para saber com qual ordem de grandeza encarar cada tema em cada mídia. Há momentos em que é melhor compartilhar o conteúdo de alguém que já falou com excelência sobre o assunto de que você quer tratar, há momentos de fazer um post breve e há momentos — raros — de escrever um textão. Nem todos os temas da semana exigem volume de palavras — não é à toa que nos cansamos tão rápido de pessoas verborrágicas nas redes sociais. Volto a dizer: seu interlocutor não é seu confessionário para saber de toda a sua vida, muito menos de todas as suas opiniões.

Se nossa realidade multiplataforma e transmídia representa um desafio por exigir múltiplas estratégias, sua beleza está no fato de que a narrativa pode ser construída ao mesmo tempo em vários lugares sem que o formato da mensagem seja repetido. Cada plataforma tem um papel e uma configuração para trazer sua história à tona. Cada rede social tem seu público e suas regras. Cria-se, assim, um horizonte infinito de possibilidades para estabelecer uma comunicação com o mundo ao redor. Nem mesmo William Bonner está mais restrito à bancada do *Jornal Nacional* e a seu papel de apresentador sisudo. Com o Twitter e o Instagram, ele pode se apresentar ao público de maneiras que antes não seriam possíveis, numa versão muito mais descontraída. No universo da internet, ele assume a identidade de "tio", brincando e revelando bastidores de sua vida pessoal.

A inteligência de quem é capaz de gerar mais engajamento está exatamente em ter consciência das características e do funcionamento de cada uma das plataformas, além de ter também repertório para usar cada mensagem e cada interação a favor da construção de uma imagem condizente com a verdade.

CAPÍTULO 14

A mão invisível dos algoritmos

Há um aspecto do ecossistema do mundo digital e das redes sociais que não pode ser ignorado: os algoritmos. Hoje, é essa entidade — mística para os leigos — que em muitas situações comanda as narrativas. Ela é a mão invisível da internet, controlando o conteúdo que aparecerá para cada usuário.

Algoritmos são uma série de instruções para solucionar uma questão e, no caso das redes sociais, são as fórmulas elaboradas pelos desenvolvedores de softwares e aplicativos para direcionar seu funcionamento — em última instância, para definir o que aparece em nossa tela.

São os algoritmos que filtram e organizam as informações que circulam em redes gigantes como Google e Facebook. Como o volume de conteúdo é imenso, foi preciso criar parâmetros para definir quais seriam priorizados. No caso do Google, quais links aparecem na primeira página da busca; no caso do Facebook, qual postagem aparece na primeira posição do feed de notícias. Num mundo em que essas redes são sem dúvida as principais fontes de informação de toda a sociedade, dá para imaginar o poder que esses algoritmos têm de afetar nossas vidas. São eles que definem o que aparecerá todos os dias diante de nossos olhos.

Cada rede cria regras próprias que ditam qual será a informação mais relevante. O objetivo principal é, em teoria, gerar eficiência e engajamento — afinal, quem está por trás dessas plataformas são grandes corporações que querem aumentar constantemente o tempo que os usuários passam navegando por elas. O algoritmo tem um propósito claro de fomentar a interação das pessoas com as plataformas, mas a qualidade dessa conversa pouco importa. As empresas não julgam o mérito das relações criadas e do fluxo de informações estabelecido, apenas ganham dinheiro com isso. A máquina é feita para gerar volume: quanto mais, melhor, ainda que as empresas não expliquem isso em seus discursos oficiais.

No caso do Facebook, há uma análise complexa de hábitos e preferências do usuário. O algoritmo põe em sua tela a narrativa que considera estar mais de acordo com seus interesses, hábitos de consumo e círculo de amigos. O próprio Mark Zuckerberg, fundador da rede social, ilustrou a função dos algoritmos quando afirmou que a meta da empresa era "construir um jornal perfeitamente personalizado para cada pessoa no mundo".[5]

Vale fazer uma ressalva: desenvolvedores, os especialistas que criam esses algoritmos, possuem um perfil bastante homogêneo. Segundo a pesquisa Stack Overflow Developer Survey de 2018, respondida por mais de 100 mil pessoas, 93% dos desenvolvedores profissionais são homens, 74% identificam-se como brancos e metade tem entre 25 e 34 anos. A Stack Overflow é uma das maiores comunidades on-line para os desenvolvedores aprenderem e compartilharem conhecimento, com mais de 50 milhões de visitantes por mês.

Ou seja, na própria origem do algoritmo existe um viés cultural para estabelecer o que é relevante, o que deve ou não ser visto.

O fato de os algoritmos se pautarem pelo perfil dos usuários tem sido motivo de discussão, uma vez que poderiam estar criando bolhas de informação. Ou seja, se eu sou favorável ao aborto, por exemplo, dificilmente aparecerá na minha linha do tempo uma opinião

---

5 Disponível em: <businessinsider.com/mark-zuckerberg-wants-to-build-a-perfect--personalized-newspaper-2014-11>.

contrária. O modelo de negócio que domina as relações humanas hoje é baseado em estímulos e interações entre iguais, e não na exposição do diferente. O dilema é que o reforço das próprias ideias leva a uma falta de diálogo e de consciência sobre outros pontos de vista.

Os algoritmos incentivam a vontade de falar porque reforçam a sensação de que nossa opinião é relevante. Cada vez que compartilhamos um fato de nosso cotidiano ou nos pronunciamos sobre um projeto de lei que está sendo calorosamente discutido no Congresso, recebemos curtidas, comentários, interações. E a cada publicação, o algoritmo refina o que sabe sobre nossos valores, hábitos ou preferências, enfiando-nos dentro de bolhas que agem e pensam de maneira similar. Geram um curto-circuito no qual recebemos notícias e mensagens que reiteram nossos pontos de vista; criam uma legião de seguidores, cujos posts também acabamos seguindo. A famosa bolha.

No entanto, é interessante notar que a existência de grupos de interesse não é só culpa das redes sociais. Há outro elemento que contribui para isso: a homofilia. Embora pouco discutido no Brasil, existem vários estudos sobre esse conceito sociológico. Um dos artigos de referência foi escrito por Miller McPherson, Lynn Smith-Lovin e James Cook. Seu título original brinca com um provérbio em inglês que corresponde, em português, à expressão "farinha do mesmo saco".[6]

Basicamente, a homofilia se refere ao fato de que, em termos estatísticos, os indivíduos tendem a se relacionar com pessoas com características sociais iguais às suas (como idade, sexo, nível educacional, ocupação, classe ou status social). Ou seja, indivíduos com atributos sociais e demográficos equivalentes são propensos a ter encontros mais frequentes, maior concordância de opiniões e práticas sociais semelhantes.

Num mundo globalizado e digitalizado, esse fator demográfico se dispersa: a teia de relações já não acontece nas ruas de nosso bairro, nas praças de nossa aldeia. Mas a tendência à homofilia tende a ser

---

[6] J. M. McPherson; L. Smith-Lovin; J. Cook, "Birds of a Feather: Homophily in Social Networks", *Annual Review of Sociology*, v. 27, pp. 415-44, 2001.

reproduzida nas redes sociais, nas quais temos contato com "gente como a gente". Pense em seu círculo de amigos virtuais e reais. Não importa a plataforma, ao vivo ou conectados, você provavelmente circula entre pessoas que têm visões de mundo parecidas com a sua.

Essa tendência à identificação com pessoas semelhantes a nós remonta, exagerando um pouco, à Idade da Pedra. Desde sempre, a gente prefere ler aquilo com que concorda, falar para quem quer ouvir e viver e conviver apenas com quem a gente se identifica, mas de uma maneira ou de outra éramos obrigados a conviver com o diferente, seja por morarmos na mesma cidade, termos de ir à mesma feira, entrar num mesmo ônibus, enfim, compartilhar espaços físicos. Com a vida caminhando para o digital e os algoritmos reinando sem dó nem piedade, essa convivência contextual forçada tornou-se inexistente no mundo on-line — e o convívio e contato com o diferente, cada vez mais raro. É uma realidade com a qual temos de lidar, um problema que temos de resolver.

Isso ajuda a entender a intolerância que vemos nas discussões que acontecem diariamente nas redes, seja em questões políticas, seja em simples confrontos de opinião sobre assuntos tão banais quanto o futebol ou a declaração dada por uma celebridade. Se nossas escolhas (ideológicas, esportivas, estéticas, comportamentais) sempre foram ditadas pela homofilia, pela rede pessoal com que nos identificamos, a rede virtual exacerba ao mesmo tempo nossas semelhanças e nossas diferenças. Como li no artigo "A ascensão do extremismo", publicado na revista *New Philosopher*, "as plataformas das mídias sociais, guiadas pelos algoritmos, criam câmeras de eco nas quais usuários com atitudes semelhantes interagem cada vez mais entre si para excluir visões diferentes".

Mas, deixando de lado as questões existenciais, voltando ao dia a dia e à perspectiva de cuidar da própria imagem de forma prática, a questão é que os algoritmos se tornaram os novos donos da distribuição de conteúdo, e quem não souber utilizá-los a seu favor pode cair numa enorme cilada. Por isso, grande parte de meu trabalho de construção de imagem nos últimos anos tem sido voltada para vencê-los e fazer a verdade de meus clientes prevalecer.

Quem trabalha com comunicação não tem escapatória: entender o algoritmo é um pré-requisito. Qualquer um que queira comunicar um conteúdo para os outros no século XXI também precisa mergulhar nesse assunto se quiser ser capaz de construir uma estratégia, nutrir essa rede para atingir seu propósito e se aliar às pessoas certas para ganhar relevância.

Em poucas palavras, uma combinação de algoritmos pode alimentar e dar relevância a uma mensagem ou acontecimento que acaba por marcar a história de um indivíduo para sempre, sendo o fato mais importante da linha do tempo de sua vida, mesmo que para o sujeito em questão nem seja algo tão expressivo de sua trajetória. É a frase fora de contexto, a foto que vazou, o print de WhatsApp que alguém compartilhou, fake news que se espalharam, o mal-entendido que virou verdade, acontecimentos que são as verdadeiras crises de imagem com as quais temos de lidar em nosso tempo. Parece simples, mas gerenciar isso é cada vez mais dispendioso e complexo.

Para usar um exemplo público, considere o caso do jogador Neymar. Na Copa de 2018, a quantidade de vezes que ele caiu em campo deu o que falar. A imagem de seu corpo contorcido sobre o gramado depois de faltas inexistentes se espalhou de maneira exponencial e virou motivo de piada no mundo inteiro. A repercussão alimentou de tal maneira o monstro algorítmico que sua imagem passou várias semanas associada à simulação. Já não importava mais quem ele era ou o que havia feito. Naquele momento, a narrativa se transformou, talvez à sua revelia, na de um menino imaturo, mentiroso e que se lança ao chão mais do que joga futebol.

Quando uma informação sobre sua vida vai parar no topo da busca do Google, é muito difícil fugir dela. A relevância quantitativa resulta num looping de "quanto mais se fala, mais se fala". Todo mundo que pesquisar seu nome a encontrará e alimentará o assunto. Dependendo do tamanho da repercussão, a notícia será matematicamente insuperável no curto prazo, a não ser que seja substituída por algum outro acontecimento tão relevante quanto ela.

Fica ainda mais complicado quando os exércitos de bots entram em ação. Para quem não conhece, os bots são uma invenção bizarra do mundo moderno: robôs que atuam como usuários nas redes sociais, dando ibope artificialmente para perfis e posts, curtindo e compartilhando conteúdo. Como eu disse, a repetição ganha o algoritmo. Se esses robôs trabalham a favor de uma narrativa que está contra você, imagine o estrago.

Já tive de lidar com situações assim. Certa vez, um grupo muito influente que usa com frequência essas ferramentas resolveu atacar uma das personalidades com quem trabalho, usando um tuíte antigo como pretexto para desqualificar seu posicionamento atual. Poderia ter passado batido, não fossem os robôs desse grupo bombardeando as redes sociais com mensagens, sobretudo nas contas das marcas patrocinadoras desse influenciador. A crise, que havia começado no Twitter, se espalhou pelo Instagram e pelos sites de imprensa. Tivemos de agir entrando em contato com todos os envolvidos, ligando para os patrocinadores para esclarecer a situação e contratando um grupo digital para monitorar todas as menções à história e denunciar os perfis de robôs. No dia seguinte, passada a maré alta algorítmica, o assunto estava resolvido. Mesmo tendo montado uma operação emergencial que trabalhou sem pausa durante quase 48 horas para apagar o incêndio, a polêmica ainda assim causou estragos. Tudo por conta de um tuíte antigo que acabou se tornando um grande factoide algorítmico.

A capacidade de lidar com os algoritmos é hoje tão fundamental quanto dominar ferramentas e aplicativos cujos conteúdos eles amplificam e direcionam. Isso alterou nossa noção de curadoria de conteúdo, que passou a significar relevância numérica e engajamento quantitativo. Você tem de ser ao mesmo tempo curador de seus conteúdos e dos mecanismos algorítmicos de proliferação de suas selfies, de seus memes e posts.

CAPÍTULO 15

O lado negativo da força

O ataque pesado dos haters

As delícias proporcionadas pela internet e pelas redes sociais são fáceis de enxergar. Podemos nos conectar com qualquer um, em qualquer lugar do mundo. Nos países democráticos, com liberdade de expressão, as pessoas têm voz e podem dizer o que querem no momento em que for mais conveniente. Celebramos, compartilhamos e acompanhamos quem nos interessa.

Porém, todo yin tem seu yang. Há alguns fenômenos sinistros que compõem o lado negativo da força. Um deles é a metamorfose (aliás, meio kafkiana) dos influenciadores que se transformam em "odiadores". Os tais dos haters. Aqueles que odeiam, personagens patéticos que transformaram a crítica agressiva em modo e razão de viver; que postam comentários ofensivos independentemente das motivações e argumentos daquele contra o qual se dispõem.

Porque em tempos de redes sociais, parece que não basta defender um ponto de vista ou expor uma preferência. É preciso excluir o ponto de vista contrário, desqualificar a preferência divergente.

O critério dos haters é tão simplório quanto seu modo de agir. Se você tem dinheiro e ostenta, é fútil; se é rico, mas vive de modo franciscano, hipócrita. Se você exibe seus conhecimentos, é pedante; se não exibe (ou hesita modestamente em se posicionar), ignorante (ou fraco e omisso). A crítica não poupa nem mesmo quem é crítico: se alguém elogia, é puxa-saco; se faz ressalvas, recalcado. Ele não discute ideias — destrói, ou deseja destruir, reputações.

Mas como surgem e por que existem os haters? E o que eles nos dizem sobre nossa forma de vivenciar a subjetividade nessa época de declínio da vida privada e de identidade virtual?

Ocorre que a compulsão por chamar a atenção, receber likes e ser amado nas redes sociais pode ser frustrante. Porque nem todo mundo vai virar um Whindersson Nunes. E, às vezes, isso gera ressentimento. Quem não tem fama muitas vezes acaba por se tornar difamador. É um mecanismo básico que prevalece, sobretudo, em quem tem uma subjetividade igualmente básica, ou seja, aquela que responde de modo automático a seus impulsos e desejos, que não reflete sobre eles, permanecendo inconsciente de seus mecanismos internos.

Foi a psicanálise criada por Freud que nos ofereceu a possibilidade de identificar os mecanismos com que reprimimos — ou, no jargão psicanalítico, *recalcamos* — nossos desejos, projetando-os nas pessoas com quem nos relacionamos. Vem daí a expressão "fulano é um recalcado", que utilizamos no dia a dia para descrever alguém que é invejoso. Ou seja, que transfere para o outro e nele condena os desejos que queria realizar, porém reprimiu, *recalcou*. O hater, em nosso caso, muitas vezes é aquele que odeia no outro aquilo que não conseguiu fazer.

Aquela máxima de que *haters gonna hate* ("odiadores sempre vão odiar") é uma verdade absoluta, e eles se multiplicam em velocidade avassaladora. Basta acessar o perfil de alguém com muitos seguidores para se deparar com uma infinidade de críticas gratuitas e sem nexo — até mesmo com algumas atitudes que podem ser consideradas juridicamente criminosas. Racismo, homofobia, ameaças de morte e abuso sexual são recorrentes nos comentários da internet.

Isso ocorre, em boa parte, porque qualquer desvio no discurso costumeiro apresentado na internet pode ganhar reverberação imediata. Uma frase mal colocada, uma declaração polêmica, um desabafo inflamado viralizam e, compartilhados com comentários injuriosos, são usados para tentar derrubar carreiras, reputações e relacionamentos. "Na internet, ocorre o oposto da lei, a condenação vem primeiro, todo mundo é culpado até que se prove o contrário", alertou a cientista social Karen Tank Mercuri Macedo.[7] Ela é autora de uma pesquisa cujo título fala por si mesmo: *Linchamentos virtuais: Paradoxos nas relações sociais contemporâneas*.[8]

Na maioria das vezes, esses haters simplesmente reagem a qualquer post, elaboram teorias conspiratórias e narrativas simplórias para confirmá-las ou para justificar seu ódio, sem qualquer correlação com a verdade. São concatenamentos de fatos que até podem fazer sentido para os desinformados, mas que são mentirosos. Não há mérito da questão para os haters e só há três formas de lidar com eles:

1. Ignorando totalmente o que escrevem.
2. Caso os ataques se tornem fake news com alguma relevância, oferecer a informação correta por meio de um interlocutor de credibilidade.
3. Alimentando seus lovers, o público que realmente o segue e adora o que você faz. Esses eventualmente irão odiá-lo também, para chamar atenção em outro nível, mas são essencialmente seus maiores defensores.

Não dá para negar também que os haters são, afinal, uma grande fonte de engajamento para os próprios influenciadores. Sua incansável atuação no ataque acaba por gerar um nível enorme de interações, que é a grande moeda das redes sociais. A máxima "falem bem ou falem mal, contanto que falem" nunca fez tanto sentido. Quan-

---

[7] Em entrevista ao portal G1, disponível em: <g1.globo.com/sp/piracicaba-regiao/noticia/2016/12/estudo-da-unicamp-analisa-logica-do-linchamento-virtual-condena--primeiro.html>.

[8] Disponível em: <repositorio.unicamp.br/bitstream/REPOSIP/321038/1/Mercuri_KarenTank_M.pdf>.

to mais conversa houver em seus perfis, quanto mais movimento nas redes eles gerarem (positivos e negativos), mais relevantes os influenciadores se tornarão para as plataformas e mais pessoas eles serão capazes de atingir com suas mensagens. Dessa maneira, em certo nível, alguns haters, tornando-se críticos mordazes de tudo e todos, conseguem chamar a atenção que talvez não tenham conseguido conquistar com mensagens positivas.

O poder das fake news

O fenômeno das notícias falsas não é novo. Acusações sem fundamento existem desde que o ser humano inventou a fofoca e a difamação. Mas o que explica que esse tema tenha, agora, se tornado tão evidente? Considere as últimas eleições nos Estados Unidos e no Brasil. A quantidade de iniciativas de verificação de fatos criadas para combater as fake news e a preocupação com a disseminação de mentiras foram um fenômeno inédito. E ele teve uma razão de ser. A questão é que as redes sociais, as bolhas e a crise da mídia tradicional criaram um ambiente fértil para multiplicar a circulação de notícias falsas.

Uma das origens das notícias falsas são os próprios haters. Quando uma narrativa elaborada ou reforçada por eles ganha relevância, é espalhada muito rápido pelas redes sociais. Os haters têm um papel fundamental no "sucesso" das fake news, por trazer relevância e dar volume aos diálogos, transformando-os em assuntos do momento. Tanto que os grandes manipuladores políticos das redes começaram a criar seus exércitos de bots, programas de computador que geram mensagens de maneira automatizada, à imagem e semelhança desses mesmos haters. É essa mistura entre odiadores de carne e osso e bots repetidores de posts de ódio que alimentam a grande rede de fake news do Brasil. Controlar essa manipulação é uma luta que está apenas começando.

Outro fator é a confiança que as pessoas depositam em fontes de notícias nem sempre confiáveis. Um vídeo que circula no WhatsApp cuja fonte é desconhecida poderia ter sua validade questionada, mas é aceito e compartilhado sem qualquer ressalva se causar impacto na audiência.

Às vezes, as fake news surgem pelo funcionamento ansioso da própria imprensa. Ávida por participar das conversas que acontecem na rede, sem necessariamente apurar a verdade do ocorrido, ou até mesmo apurando, publica reportagens em que o fato não é a notícia em si, apenas a controvérsia: "Saiba mais sobre a polêmica em torno da suposta declaração de fulano nas redes". Fulano não falou nada, todos sabem, ele já negou, não há registros, mas há a polêmica — e ela por si só — é a notícia. Um trending topic na rede, ao ser publicado num veículo tradicional, acaba ganhando alguma credibilidade ou uma abrangência maior de público, mesmo nunca tendo acontecido na vida real.

Aos prejudicados pela informação mentirosa, só cabe responder com informação, clareza e verdade. É muito chato porque o ônus da prova e defesa acaba ficando do lado do atacado, que tem de lidar com uma verdadeira gincana para seguir desmentindo declarações e fatos a cada publicação de notícias falsas, em cada uma das fontes, em cada uma das plataformas. No caso de celebridades, acaba gerando um investimento grande em monitoramento de redes sociais e em assessoria de comunicação para agir rapidamente antes que um boato ou um ataque em rede consolide-se como uma notícia falsa. Muitas vezes demanda também uma ação jurídica, seja para punir os autores das infâmias, nos casos mais graves, seja para deixar registrado em nome da lei que aquela notícia era de fato uma mentira.

Claro, não se pode atribuir exclusivamente à internet os casos de acusação infundada com consequências devastadoras. Basta lembrar do episódio da Escola de Base, no início dos anos 1990, em que os donos de uma escola infantil no bairro da Aclimação, em São Paulo, foram acusados de abusar sexualmente dos alunos. Depois, verificou-se que a história era falsa, mas não antes de ela invadir as manchetes da imprensa e do noticiário televisivo num momento em que a web ainda não existia, condenando as pessoas erroneamente acusadas a uma sentença pública que nada tinha a ver com a verdade. Ainda que esse tipo de problema já existisse no mundo off-line, o fato é que as acusações levianas e os linchamentos digitais ganharam uma amplitude inusitada.

Há outro fenômeno que não é exatamente fake news, mas que contribui para esse ambiente de verdades desencontradas, que é a disputa de narrativas. O uso de um mesmo fato para alimentar vertentes às vezes completamente opostas. Os dados de desemprego, que podem ser usados para reforçar teses tanto da situação quanto da oposição; uma declaração que para uns pode parecer confusa, para outros complexa; a mesma manifestação política que fotografada de ângulos diferentes pode parecer tanto cheia e bem-sucedida quanto vazia e frustrada. O fato em si já não tem valor algum sem sua repercussão, e sua interpretação depende cada vez mais de em que bolha de algoritmos ela está inserida.

Isso acontece porque cada um interpreta os acontecimentos conforme sua visão de mundo e os incorpora ao seu próprio roteiro. Os editorialistas de jornais, por exemplo, fazem isso há décadas, mas no momento em que cada um é dono de sua própria mídia, as interpretações se multiplicam e os fatos se tornam simplesmente matéria-prima para a construção das mais variadas histórias, que estão sempre a serviço de alguém.

Essas tendências, juntas, caracterizam aquilo que se convencionou chamar de era da "pós-verdade" — fenômeno tão profundo e abrangente que o dicionário Oxford, em 2016, elegeu a expressão como "palavra do ano". O substantivo se refere às circunstâncias nas quais fatos objetivos têm menos influência em moldar a opinião pública do que apelos à emoção e a crenças pessoais.

O termo apareceu pela primeira vez em 1992, num ensaio do escritor e dramaturgo sérvio-americano Steve Tesich. Foram necessárias mais de duas décadas e o surgimento da web para que a palavra passasse a ser uma forma de descrever nossa realidade social e política.

A realidade hoje é que o poder das fake news pode ter um impacto da magnitude do Brexit — o referendo em que dados econômicos falsos contribuíram para que a população do Reino Unido votasse pela saída da União Europeia.[9] Isso para não falar dos "fatos alternativos" (segundo o eufemismo utilizado por marqueteiros políticos e ideólogos) que ajudaram a levar à presidência dos Estados Unidos o republicano Donald Trump. Este, aliás, um hater master que acusa todos os seus adversários, fechando o círculo vicioso do ódio digital.

Esse tipo de fenômeno assume uma dimensão mais desastrosa pois ocorre num mundo que ainda engatinha na regulamentação da rede. Um escândalo de proporções mundiais, como o vazamento de milhões de dados dos usuários do Facebook durante a campanha eleitoral norte-americana que elegeu Trump, levou a União Europeia a ameaçar impor sanções à rede social. Mas a resposta de seu fundador, Mark Zuckerberg, ao Parlamento Europeu se limitou à promessa de remover conteúdos ofensivos (em especial mensagens terroristas) e de promover a verificação das fake news.

Ainda está em curso, portanto, a discussão sobre uma regulamentação mais ampla, que proteja os dados dos usuários, proibindo seu uso comercial, e que garanta o "direito ao esquecimento" (ou seja, o direito do usuário de solicitar que conteúdos sejam apagados ou que não sejam compartilhados). Até o momento, a internet é um espaço cujas leis são de difícil aplicação, pelo fato de as acusações escaparem às jurisdições convencionais.

A criptografia da dark social

A internet, em geral, e as redes sociais, em especial, não teriam se tornado portadoras de mensagens raivosas de alcance universal se não fosse a obstinação belicosa dos haters. Da mesma maneira, o fenômeno das notícias falsas — que a rigor sempre existiu e sempre andou de mãos dadas com a disputa pelo poder da mídia — não pode ser compreendido sem levar em conta quem compartilha tais

---

9   Disponível em: <politics.co.uk/blogs/2018/10/29/new-study-shows-brexit-is-drenched--in-fake-news>.

notícias *sabendo* que são falsas, potencializando cinicamente seu alcance e ficando a salvo de punições.

Isso acontece porque esses dois tipos de pessoas, haters e compartilhadores de fake news, podem hoje se ocultar no ambiente da dark social, os aplicativos e canais de interação fechados. São redes sociais como WhatsApp, Telegram, Facebook Messenger e outras plataformas com grupos privados, que conseguem driblar ferramentas de monitoramento, pois têm todo conteúdo criptografado de ponta a ponta e cujas informações ficam restritas aos participantes. Vale dizer: a dark social é diferente da deep web, a parte da internet que não é indexada aos mecanismos de busca e, portanto, não costuma ser acessada pelo grande público.

Num portal de notícias ou numa página do Facebook, dá para saber a quantidade de views, likes e compartilhamentos. É possível derrubar uma notícia caluniosa, localizar e punir um agressor. Já numa rede como o WhatsApp, para ficar num único exemplo, as conversas são criptografadas. Não há controle de quais notícias estão circulando e o quanto elas se espalham. Além disso, os conteúdos são compartilhados por pessoas próximas, que, partindo desse pressuposto da proximidade, acabam por confiar naquilo que recebem, sem questionar a veracidade da informação. Se causar impacto, compartilham, alimentando um canal de confiança que em certas situações se torna uma rede para transmissão de notícias falsas, de calúnias, difamações e até de conteúdos criminosos.

Há casos extremos como o da Índia, em que o governo teve de intervir nesse ambiente de dark social para estancar uma onda de mortes por linchamento provocadas por boatos sobre abusos que circulavam através do WhatsApp.[10] Em janeiro de 2019, o aplicativo lançou uma atualização no mundo todo para limitar a cinco o número de vezes que um usuário pode reenviar uma mensagem para

---

10 Disponível em: <epoca.globo.com/Analise/noticia/2018/07/correntes-falsas-de-whatsapp-provocam-linchamentos-e-mortes-na-india.html>.

contatos ou grupos. O objetivo era combater a disseminação de informações falsas e rumores.[11]

Há um dado impressionante sobre a circulação das informações: uma pesquisa do Instituto Reuters para o Estudo do Jornalismo mostrou que *nada menos do que* 46% dos brasileiros ficam sabendo de notícias pelo WhatsApp.[12] No ranking dos países que mais usam o WhatsApp para se informar, o Brasil está em segundo lugar, atrás apenas da Malásia. Logo em seguida estão Chile (39%) e Singapura (38%).

Há outro aspecto aí. Por um lado, a opinião pública se transformou numa mercadoria, a matéria-prima com a qual alimentamos as redes sociais, e passou a ser formada por uma multidão de indivíduos exercendo suas singularidades. Por outro lado, essa opinião pública não é mais tão pública. Ao mesmo tempo que se expande de modo capilarizado, a internet produz um ambiente no qual aquilo que você publica e a opinião que os outros expressam em relação a você ocorre dentro de grupinhos fechados.

Nesse ambiente onde você segue e é seguido, compartilha e é compartilhado, os conteúdos se espalham de modo incontrolável. Isso certamente é bom do ponto de vista da liberdade de expressão ou do marketing, mas acabou revelando seu lado maligno ao adubar o terreno para a difusão destrutiva de injúrias, calúnias e difamações.

Fake news e haters são faces complementares que encontram nessas redes fechadas e criptografadas o terreno mais fértil para se desenvolverem descontroladamente em tempos de pós-verdade. Um universo marcado pela ausência de leis formais ou referência ética que grassa na dark social — o espaço mais sinistro do ecossistema narcisista.

---

11 Disponível em: <link.estadao.com.br/noticias/empresas,whatsapp-limita-reenvios-de-mensagens-a-5-destinatarios,70002688158>.
12 Disponível em: <reutersinstitute.politics.ox.ac.uk/sites/default/files/Digital%20News%20Report%202017%20web_0.pdf>.

PARTE 3

Sua imagem e sua verdade

CAPÍTULO 16

Imagem pública em rede

Vivemos numa época na qual, queira-se ou não, todos possuem uma imagem pública. Com a informação espalhada pela internet e as redes sociais dando voz a qualquer cidadão conectado, estamos mais expostos do que nunca. Experimente pôr seu nome no Google para ver o que aparece. Para a média das pessoas, existirá pelo menos um perfil no Facebook. Mesmo os mais desconectados provavelmente têm uma foto ou um pedaço de suas vidas compartilhado em algum site do qual talvez jamais souberam da existência.

Considerando esse caldo de histórias públicas e vidas compartilhadas, tenho um recado importante: cuidar da própria imagem deixou de ser tarefa só para celebridades. Num mundo em que cada pessoa tem seu próprio *Jornal Nacional* e o poder muito maior do que o de um megafone, precisamos mudar nossa mentalidade sobre como nos posicionamos. Você tem uma imagem pública a despeito de cuidar dela ou não, é uma condição do nosso tempo. Precisa construir sua narrativa e mostrá-la para o mundo antes que o mundo faça isso por você, sem lhe dar a chance de participar da decisão.

Essa falta de opção pode parecer um pouco cruel, mas eis o momento em que vivemos. Somos parte de um ecossistema maior que não deixará de existir simplesmente porque não estamos interessados nele.

Sinto que no Brasil esse tema ainda é tabu. Muita gente acha que cuidar da imagem é assunto de artista. Que soa arrogante alguém "normal" dizer que vai pensar em como se posicionar nas redes sociais, em como vai contar sua própria história. Eu discordo. Hoje não é uma questão de vaidade, mas sim de lidar com uma realidade. Ouso dizer até que é uma questão de sobrevivência. Queiramos ou não, a imagem de cada um de nós será trabalhada por uma opinião pública. Quem ignorar os fatos pode ficar para trás.

Quando eu falo de gestão de imagem, não estou me referindo apenas às pessoas que querem ser famosas, influenciadoras ou estar na boca do povo. Estou falando com qualquer um. Mesmo que você esteja limitado a quinhentos seguidores numa rede social, acompanhado apenas por amigos e colegas de trabalho, está sujeito a qualquer momento a ser interpretado pelo que posta. Mesmo que você só interaja no grupo de WhatsApp de sua família, está se manifestando por meio de um canal, registrando opiniões e preferências e, portanto, exposto a percepções.

Preocupar-se com sua imagem pode trazer benefícios para suas relações interpessoais, aumentar sua sintonia com o ecossistema de informação ao seu redor e até torná-lo mais promissor em termos econômicos. O médico que sabe se divulgar e conversar com seu público provavelmente vai ganhar mais dinheiro do que quem não sabe. O jornalista que divulga as reportagens que faz e comenta sobre seu trabalho terá mais chances de ser bem-sucedido. O ativista social influente atinge mais pessoas. Nessas situações, há um esforço para direcionar a percepção do público. De novo, essa é uma realidade do nosso tempo, gostemos ou não.

Assim, acredito que é melhor usar as ferramentas a nosso favor do que deixar nossa imagem fora de controle. É melhor adotar uma postura ativa do que negligente. Você pode não estar cuidando de sua imagem ou se posicionando, mas isso não impede que você seja assunto. E quanto mais dermos atenção a esse fenômeno, menor será o risco de surgirem deformações e desinformações de surpresa.

Não tem a ver com evitar o julgamento alheio, até porque julgar é humano. A questão é que, se vão falar sobre nós, que pelo menos se discuta quem somos de fato, por meio das informações que escolhemos dividir. Por isso, acredito que precisamos liderar nossa narrativa. Como diz a expressão em latim (que é lema da cidade de São Paulo), *non ducor duco*. Conduzir, não ser conduzido. Ou, simplesmente, cuidar de nossa vidraça.

É preciso entender o jogo que está sendo jogado e se posicionar à frente dele. Partindo do princípio de que nossa imagem pública será produzida, como lidar com ela de maneira que nos beneficie ao mesmo tempo que gere impacto na sociedade?

Encontro com algumas celebridades que me dizem "Pedro, eu não falo com a imprensa". Eu questiono. Como assim? A imprensa vai continuar falando de você. É exatamente a mesma lógica. Se temos medo e não tomamos as rédeas, a história cavalga ao sabor dos fatos escolhidos e das decisões tomadas pelos outros. Esse é um dos motivos pelos quais escrevi este livro: dar às pessoas as rédeas de sua própria imagem pública.

CAPÍTULO 17

Imagem e verdade

Esse raciocínio me leva a uma discussão fundamental. Para cuidar de nossa imagem pública não há outra receita, outro plano ou outro caminho senão a verdade. Precisamos encontrar nossa verdade e nosso propósito, não podemos contar com nada além disso. Seja para quem está tentando se tornar famoso ou para quem quer apenas usar as redes sociais como forma de interação, ferramenta de trabalho ou forma de posicionamento. Tudo começa por saber quem somos, o que queremos comunicar para o mundo e quais de nossas convicções e conhecimentos pretendemos compartilhar. Qual é sua selfie? Quem é você e através de qual imagem vai mostrar isso para as pessoas?

Minha crença é que a imagem precisa estar associada à verdade, senão não faz sentido. Não defendo manipulação, e sim exibir o que somos. Porque somos sempre mais fortes quando verdadeiros, doa a quem doer. Claro que isso significa abraçar nossas imperfeições, contextualizar nossos defeitos e não desqualificar nossos erros, mas sim aprender com eles. E isso não é uma crença qualquer. O ser humano pode até se apaixonar momentaneamente pelo que parece perfeito, mas é o imperfeito que ele ama, no fim das contas. O perfeito é o idealizado que dura pouco. Já a imperfeição é parte do que somos, ela nos torna de carne e osso. O imperfeito é a regra, é o eterno, é o que traz cores e narrativas à nossa existência.

Outro argumento mais prático para cultivar a verdade é que mentir nos faz gastar muita energia, mental e física! Quando falamos a verdade, simplificamos, pinçamos a história de uma memória, uma referência ou um raciocínio. Quando mentimos, é como se escrevêssemos um roteiro. Pensamos em como amarrar as pontas soltas, ficamos nervosos enquanto contamos, avaliamos a reação do outro para saber se está colando. E depois precisamos ser consistentes para que as falhas de roteiro não sejam percebidas e a farsa, revelada. Mentir não convence ninguém, por melhor que seja o mentiroso. E mesmo que convença, não dura muito. É impossível trabalhar com mentiras. Assim, nessa disciplina só nos interessa a verdade.

No entanto, o trabalho de construção de imagem sempre foi erroneamente estereotipado como algo feito a partir de uma estratégia e de um propósito, e não em cima da verdade. Hollywood nos fez esse favor. Para muitos, a imagem pública das pessoas sempre teve a probabilidade de estar dissociada de sua verdade. Ou seja, acredita-se que é possível mostrar ao mundo algo diferente do que somos ou do que pensamos de fato — e não são poucas as pessoas que vão por esse caminho. Em curto prazo pode até funcionar, a longo prazo jamais.

Antes da era da selfie, a "mentira" sobre a própria imagem já existia, por exemplo, na forma do retrato de um monarca encomendado para pintá-lo com traços mais belos do que a versão real, num contexto mais nobre, com o olhar mais altivo. Assim seu rosto entraria para a história numa versão melhorada, que durava até se descobrir como as coisas realmente funcionavam na época. Hoje, com as redes sociais, todos nos tornamos capazes de criar avatares, editar nossas fotos, copiar textos, criar narrativas, personagens de ficção dentro de plataformas virtuais que representam como gostaríamos de ser vistos, mas que não têm nada a ver com o que somos de verdade. O que se ganha com essa farsa?

Uma pessoa tímida, por exemplo, pode passar horas interagindo tranquilamente numa conversa on-line. Chegando aos extremos, um bom exemplo é o programa de televisão *Catfish*, que verifica a identidade de pessoas que se comprometem com um namoro virtual, mas nunca se conheceram pessoalmente. Não é raro que a pessoa real seja muito diferente da maneira como se apresenta nas redes, seja física ou emocionalmente.

Quando a internet começou, era comum discutir "quem é você na vida real? E no mundo digital?". Algumas pessoas eram engraçadíssimas no mundo digital e chatas no mundo real. Outras eram um doce na vida real, mas crápulas nas redes sociais. Já não fazemos mais essas perguntas porque nos acostumamos à existência desses dois universos paralelos, mas a maior familiaridade com as plataformas não necessariamente nos levou a conciliar nossos "eus". Mesmo as celebridades passaram (e passam) muito tempo alimentando uma imagem que não tem relação com o que viviam de verdade.

O desafio que eu proponho para a construção de sua imagem é sintonizá-la cada vez mais com a verdade. Tenho certeza de que quanto mais elas estiverem conectadas, mais empoderado estará o sujeito, mais bem-sucedido, bem resolvido e mais feliz. Saiba qual é sua verdade para poder contá-la, para ser capaz de jogar o jogo da imagem pública protegendo aquilo que você é e aquilo em que acredita.

Nessa loucura de percepções, onde a verdade é individual e não coletiva, torna-se ainda mais importante estar seguro de sua própria narrativa. Afinal, se cada um entende os fatos de maneira particular, a única âncora à qual podemos nos agarrar é o senso de coerência e verdade que há em nós.

Dando um exemplo mais cotidiano, imagine que você se separou recentemente do(a) seu(sua) namorado(a). Se vocês forem como a maioria das pessoas no Instagram, logo começarão a postar mais selfies do que antes, fotos com os amigos e de lugares bonitos. Terão vontade de mandar para o mundo — especialmente para o ex — a mensagem de que estão bem e felizes. Até que um de vocês ficará com alguém. Por fofoca de amigos e/ou mensagens em outras redes sociais, o outro saberá. Para continuar a narrativa de que está tudo bem, o outro, assim que estiver envolvido com uma pessoa, incluirá esse fato em sua narrativa. É uma troca indireta de mensagens, mas qual verdade há nisso realmente? Aquele romance pós-término é sobre você e o que você está sentindo ou apenas uma maneira de construir uma narrativa positiva para os outros verem? Muitas vezes, usamos os fatos para entrar num jogo questionável, sem que eles tenham relação com nossos objetivos. Quando estamos seguros em relação ao que queremos, empoderados com nossa verdade, não importa o que os outros estão falando ou deixando de falar, a vida segue.

Sentir que estamos vivendo a jornada com a qual nos comprometemos é mais importante do que qualquer opinião ou interpretação sobre nós. Nada é mais forte do que ter a sensação de estar no caminho certo, ainda que ele inclua dificuldades, e estar em paz consigo mesmo. Comportar-se e expressar-se nas redes de maneira sincera e coerente com sua narrativa é o melhor jeito de interagir. Se você estiver sendo verdadeiro com quem você é naquele momento, nada vai derrubá-lo.

E aí vem outro desafio: se qualquer um de nós pode ser assunto em qualquer lugar a qualquer momento, mesmo entre pessoas que não nos conhecem, como fazer com que a verdade ultrapasse essa barreira de informações desencontradas?

Descobrir nossa verdade não é simples. Precisamos parar, pensar, testar, confirmar, amadurecer. As respostas nem sempre estão na ponta da língua. Precisamos olhar para dentro, exercitar o autoconhecimento. Descobrir nossos pontos fortes, alimentando-os, e desenvolver nossos pontos fracos, sem deixar que eles tirem nossa força ou que tomem conta da narrativa.

Um dos exercícios mais importantes que realizo com as pessoas com quem trabalho é uma espécie de diagrama de quem somos, de onde viemos e para onde vamos. Um planejamento de carreira e vida tomando como ponto de partida o que somos, que analisa o que já foi feito e aonde queremos chegar. Daí fica fácil sintonizar e estabelecer os próximos passos.

Quem é você?
O que lhe despertou o interesse em começar a caminhar?
O que o motiva? O que não faz você se sentir bem?

Como começou?
Qual seu maior orgulho? Sua maior realização?
Quanto achou que não iria dar certo?
Quem o inspira?
Como você se imagina daqui a três anos? Cinco anos? Dez anos?
O que favorece que você atinja seus objetivos? O que o atrasa?
Você acha que as pessoas o entendem? Como você acha que sua imagem é vista por seu público ou pelas pessoas com quem você se relaciona?

Essas questões todas, expostas em forma de conversa, jogadas na lousa, nos ajudam a materializar todo entendimento do que nos trouxe até aqui, da fagulha que fez com que a jornada começasse, e os passos que vieram depois disso. Analisar o momento presente, como tudo está se desenrolando, para assim montar o plano para o que vem pela frente.

Durante o processo, é muito importante observar também a maneira como a pessoa conta sua própria história e a visão que tem de si mesma. Porque há uma diferença entre como nos enxergamos e como o mundo nos enxerga.

Falaremos sobre narrativas, mas, antecipando aqui uma observação, talvez nada seja mais importante do que entender e sintonizar a forma de contar nossa própria história. Isso define não só como nos vemos e como indiretamente fazemos com que as pessoas nos vejam, mas também estabelece uma energia, uma direção de astral positiva ou negativa. Se contamos nossa história falando apenas dos sucessos, fica o teto de vidro imponente, porém frágil por causa da arrogância. Se contamos nos vitimizando, elencando todas as mazelas da vida, seremos vítimas, e ninguém quer ser amigo de pessoas fracas e sujeitas a tudo e todos. A composição da narrativa pessoal, constituída de erros e acertos, emoção e verdade, é um dos pontos mais importantes em todo o processo de fortalecimento da imagem pessoal.

Olhar para nossas ações sob a perspectiva do mundo externo e entender como elas foram interpretadas pelos outros pode desvendar as discrepâncias entre nossa verdade e a imagem que foi construída pelos outros. Quase sempre as duas não estão nada alinhadas.

Um exercício interessante que hoje está disponível para todos: ponha seu próprio nome no Google. A principal plataforma de busca do mundo, o destino para qualquer um que quiser saber mais sobre o outro, pode nos oferecer um grande choque de realidade em relação a nossa própria imagem na rede. Não que isso deva guiar nossa existência, mas pode sem dúvida gerar insights.

O político que tem um discurso nas redes sociais e mostra outra realidade no noticiário, o ator que quer ser percebido como ator, mas que só posta fotos na academia, o empresário que nas redes sociais não trabalha, o profissional que só trabalha nas redes, mas vive na praia. Exemplos simples, só para começar.

A construção de imagem que pratico e defendo é uma forma de empoderamento, de fortalecimento do que já existe naquela pessoa que, ao ganhar segurança de quem é e do que quer, consegue direcionar sua imagem pública para revelar sua verdade e para que ela trabalhe a favor de seus sonhos e intenções. O resultado disso é que a pessoa consegue construir uma narrativa que a leve para a frente, que não a deixe presa nas preocupações momentâneas nem em seus comportamentos passados.

Desenvolvemos uma visão de futuro e, com base nela, avaliamos cada questão que aparecer, cada oportunidade de se expressar. Que tipo de entrevista aceitar? Quais eventos evitar postar? Que parte da vida tornar mais ou menos comentada? Todas essas decisões devem estar alinhadas com o objetivo traçado.

Gosto muito de uma frase do ator Robert Downey Jr. sobre sucesso. Ele diz que sucesso é quão bem você se sente em sua própria pele e a sensação de estar seguindo na direção certa. Para mim, a construção de uma imagem que se aproxima da verdade é exatamente isso. Não tem a ver com chegar a algum lugar, mas sim construir um caminho que faça a pessoa se sentir bem consigo mesma e que a leve para a frente. Que dê a ela o poder de tomar decisões e se expor com força, coragem e sinceridade.

A tomada de decisão é um ponto fundamental. É muito comum que clientes me peçam para decidir por eles, que até me cobrem por isso. Não aceito. Se a decisão não for fruto de um processo pessoal, no qual obviamente tenho participação como facilitador, não terá uma validade intrínseca, uma verdade capaz de celebrar ou segurar a onda das consequências daquele movimento. Por mais que estejamos juntos resolvendo um problema ou definindo o próximo passo, no fim do dia a bomba explode mesmo é no colo dele, e não no meu, e é fundamental que isso fique claro.

CAPÍTULO 18

O avatar tagarela e a "metafísica das redes"

Resumindo o que eu disse até aqui: você tem uma imagem pública, queira ou não. Seu caráter público passou a existir graças a quem você é, o que você faz, para quem fala, e graças às redes sociais e às outras novas formas descentralizadas de comunicação. E o fato é: ou você utiliza essas mesmas ferramentas para cuidar de sua própria imagem ou a rede cuidará por você.

No início de 2017, escrevi para meu site um artigo intitulado "Posso não ter opinião? Ou, a metafísica das redes",[13] em que discuto essa compulsão de falar sobre tudo — e que retomo aqui. O ponto de partida desse artigo é o poema "Tabacaria", de Fernando Pessoa, que muitos críticos e leitores consideram o mais belo de toda a língua portuguesa.

Na verdade, o poema é assinado por Álvaro de Campos, um dos tantos *heterônimos* do poeta português. Ou seja, é um poema escrito por uma persona poética, um autor fictício (com nome, "biografia" e estilo próprios). Pessoa criou Campos, assim como o fez com Alberto Caeiro, Bernardo Soares e Ricardo Reis.

---

13 Disponível em: <pedrotourinho.me/posso-nao-ter-opiniao-ou-a-metafisica-das-redes/>.

Em termos atuais, poderíamos dizer que Pessoa criou vários "avatares" poéticos. Mas, curiosamente, o heterônimo/avatar Álvaro de Campos é o contrário daqueles que encontramos difundidos pelas redes sociais. Afinal, ele começa "Tabacaria" com os versos "Não sou nada./ Nunca serei nada./ Não posso querer ser nada", que contrastam bastante com a autocelebração egocêntrica dos avatares tagarelas com os quais esbarramos todo dia no mundo virtual, que querem ser tudo e falar de tudo.

Lá pelas tantas desse longo e hipnotizante poema que trata das incertezas sobre a própria identidade ("Que sei eu do que serei, eu que não sei o que sou?"), o poeta descreve uma cena em que saboreia, envolto na fumaça de seu cigarro, "A libertação de todas as especulações/ E a consciência de que a metafísica é uma consequência de estar maldisposto".

Um poeta se torna um clássico quando aquilo que foi escrito por ele em determinado contexto cabe perfeitamente em outro, quando fala de forma indireta sobre questões de outro tempo. E Fernando Pessoa é um clássico porque, mesmo depois de toda revolução tecnológica que transformou linguagem e relações, ele continua a conversar diretamente com o ser humano do presente.

Como escrevi naquele artigo, estou maldisposto com a internet, pois ela talvez seja, muitas vezes, um sintoma de indisposição pessoal, de crise subjetiva, que alimenta a "metafísica das redes". Estamos cansados de ver as mesmas pessoas postando as mesmas coisas, replicando notícias (verdadeiras e falsas), bolando frases de efeito, se retorcendo para obter os melhores ângulos nas selfies, jogando para a própria galera e rechaçando a turma alheia.

De onde vem essa obrigação de nos manifestarmos e nos posicionarmos? De seguir e ser seguido, curtir e ser curtido? De retuitar a cada minuto e manter um diálogo incessante?

Desde sua criação, a internet prometia ser um ambiente virtuoso de liberdade de expressão. Essa propriedade ainda a define em parte, mas, à medida que transformou opinar num ato irresistível, a virtude se transformou em vício, em que o caráter quase obrigatório de emitir juízos e fazer comentários acabou por nos oprimir.

Quando ninguém mais lê nada além do título de um post e logo dispara um juízo fatal e quiçá viral, o desafio é saber como interromper a corrente de transmissão de conteúdo, dos torrents de dados que nos impactam, e aprender a receber informações sem reagir a elas de forma compulsória e compulsiva.

Vale lembrar que, com esse tipo de procedimento, fornecemos a matéria-prima que as redes sociais exploram para realizar lucros. Afinal, esse sistema foi criado e aperfeiçoado para estimular a produção e o compartilhamento de conteúdo, gerar reações em cadeia e estimular os cliques que, por sua vez, resultam em propaganda e receita.

Na trilogia *Matrix*, das irmãs Wachowski, a certa altura se diz: "*The Matrix is a system, Neo*" (a Matrix é um sistema, Neo) — e nunca senti a Matrix tão real quanto agora. Ao postar e receber likes, temos a impressão de que estamos sendo seguidos e prestigiados, mas também estamos seguindo e prestigiando, e somos tão bois de boiada quanto qualquer robô (bot) programado para tuitar. As redes sociais são as "tabacarias" que nos permitem inalar a nuvem de palavras, ideias e sensações da internet, essa metafísica das redes que se tornou o nirvana, mas também o carma digital de minha geração.

Se há alguém que ensina a lidar com esse excesso é Caetano Veloso, que não tem e acho que nunca teve um smartphone na vida, mas é uma das pessoas mais inteligentes e bem informadas que conheço. Nada ou quase nada do que Caetano arrisca falar publicamente é superficial, impensado. Quem o conhece sabe que tudo ele busca, reflete, aprofunda, debate, consulta. Coisa que nem sempre fazemos, porque sucumbimos à dinâmica imediatista das redes (no sentido de imediato, não mediado e, portanto, não meditado). Não custa, enfim, retomar aquilo que o filósofo Deleuze disse sobre a necessidade de encontrar ou criar espaços de silêncio e solidão, onde poderemos refletir sobre se vale a pena dizer, postar ou compartilhar aquilo que passa por nossa cabeça.

CAPÍTULO 19

Se oriente, rapaz

Quando falamos de comportamento humano e narrativas, precisamos lembrar que em alguma dimensão o mundo é dividido entre duas perspectivas, o que nos ajuda a avaliar nosso próprio comportamento e visão sobre o mundo. Falo da diferença entre Oriente e Ocidente em nossa cultura.

Resumindo muito: na cultura oriental, existe uma tendência a anular o ego, de fazê-lo se submeter aos valores da tradição, da vida comunitária, da autoridade dos ancestrais; devemos aceitar sem questionar o ensinamento do mestre, dos mais velhos, e incorporar a máscara e a posição que a sociedade impõe. Essa é a lei fundamental do nascimento cármico: você aceita de bom grado de onde veio e o caminho que aquela origem lhe destina. O sujeito já nasce com um arquétipo minimamente definido, não questiona, parece feliz com o que tem, e dentro daquelas possibilidades vive da melhor forma para que a vida lhe retribua com amor, prosperidade e felicidade.

Na cultura ocidental, vamos pelo viés contrário. O capitalismo, o protestantismo, a idealização de nossos arquétipos e o entretenimento em si nos levaram a crer que tudo é possível, só depende da gente; que somos todos especiais e destinados a ser felizes; que meritocracia é uma regra do mercado; que imagem é tudo. É um modo de vida totalmente individualista, tanto nos fins quanto nos meios, e com o desenvolvimento mais agressivo da economia capitalista, alimentar o modo de vida egocêntrico tornou-se combustível para o modelo de negócio da nossa sociedade. Nosso ego passa a ser alimentado o tempo todo.

Trocando em miúdos, enquanto na sociedade oriental vive-se para anular a importância, relevância e o papel do ego em nossas vidas, em nosso mundo ocidental é exatamente o contrário. O ego passa a ser a principal função que relaciona o indivíduo com a sociedade.

O crescente contato entre essas duas culturas, a influência cada vez maior da cultura oriental em todo o mundo e o desgaste da sociedade capitalista, que suga toda energia do indivíduo e que alimentou as mazelas do egocentrismo, acabou por gerar uma demonização do conceito de ego.

Ora, o ego não deixará de existir, continuará sendo por meio dele que o indivíduo interage com o mundo, com as pessoas e consigo mesmo. Negá-lo não funciona, tampouco alimentá-lo ao ponto do egocentrismo. Minha visão é um caminho do meio: *embrace your ego*, aceite, procure entender seus mecanismos, cuide e trate de desenvolvê-lo de forma a desenvolver também como você se relaciona com tudo e consigo mesmo. Exercite aceitar, analisar, trabalhar e transformar o próprio ego para estabelecer uma relação mais verdadeira com o mundo ao seu redor.

Ou seja — e simplificando bastante a história da psicanálise e da psicologia analítica —, o ego não é necessariamente algo que sabota as pessoas, apenas um depositório de nossos complexos e traumas, de nossas obsessões, fantasias e representações deformadas dos desejos que nós mesmos não conhecemos, mas é acima de tudo algo que faz parte de nós.

Na visão de Carl Jung, que de início foi discípulo de Freud, podemos pensar e viver nosso ego fora da caixa, fora das prescrições do lugar e do tempo em que nascemos, dos desejos reprimidos que se manifestam como deformações exteriores moldadas pelos estímulos da sociedade contemporânea como consumismo e vaidade social. Podemos ver como somos atravessados por diferentes padrões de comportamento, desde a anulação oriental do ego até sua hipertrofia ocidental. Com isso, desconstruímos nossa persona para poder construir nosso sistema de valores, nossos julgamentos, nossas faculdades críticas, nossas narrativas pessoais.

Vendo pela perspectiva da compulsão a dar opinião a respeito de tudo e de todos: somos livres para escrever ou mostrar o que quisermos, nunca tivemos tantas possibilidades de falar o que bem entendemos, mas também é a primeira vez que há tantas possibilidades de sermos julgados pelo que dizemos. Estamos suscetíveis às reações e elas podem ser boas ou ruins. O que nos diferencia é como lidamos com elas. Acredito que lidaremos melhor se soubermos, de saída, que desempenhamos um papel, que criamos uma persona — ou um avatar, um heterônimo.

CAPÍTULO 20

Moldando sua narrativa

O ser humano, como já mencionei, poderia ter seu nome científico trocado por *Homo narrator*, porque somos seres contadores de histórias. É com elas que passamos adiante conhecimentos adquiridos e que construímos nossas próprias memória e identidade. Quando relatamos uma passagem de nossa vida, uma experiência engraçada, emocionante ou desafiadora, estamos não apenas compartilhando fatos com os outros, mas reafirmando para nós mesmos que aquelas situações refletem quem somos ou quem nos tornamos a partir delas.

Acredito que toda narrativa seja a maneira como moldamos nossa própria história. Podemos construí-la com consciência, escolhendo as informações mais relevantes do passado e direcionando-a de acordo com uma visão de futuro — o exercício da verdade e imagem sobre o qual já falamos aqui — ou podemos deixá-la caótica, apenas uma miscelânea de informações sem conexões evidentes.

Cada narrativa tem várias dimensões. Individualmente, ela é reflexo de como enxergamos a nós mesmos e o mundo ao nosso redor. Impacta na autoestima e no pensamento de cada pessoa.

Outra dimensão é a familiar e social, pois o modo como contamos nossa história tem relação com sermos aceitos e acolhidos em nosso ambiente de convivência. Para pertencermos a algum grupo, é preciso haver conexões entre as narrativas individuais, identificação entre as pessoas. Além disso, as narrativas construídas depois de experiências vividas em conjunto criam laços duradouros.

Por fim, a dimensão que fica cada vez mais evidente é a das redes sociais. Nelas, as narrativas se expandem para um grupo maior, de pessoas com que não temos necessariamente relação próxima ou que sequer conhecemos pessoalmente. A intimidade é criada pelo simples deslizar de dedos na tela de um telefone. É o grande público, o mar aberto a ser navegado. Nesse contexto, a forma de se expressar estabelece como o indivíduo é visto na sociedade. O que você posta sobre sua vida e sua trajetória nas redes sociais? O que escreve, que temas privilegia, que tom usa, qual parte de seu dia compartilha?

Seu avatar digital, mesmo que reflita sua verdade e seu propósito, é sempre um recorte e uma dimensão de sua narrativa. Seja no Facebook, no Instagram ou no LinkedIn — ou qualquer outra rede social que futuramente ocupe esses espaços —, fazemos diariamente escolhas sobre qual selfie mostrar para o espectador. E quando menos esperamos, o conteúdo de nossa linha do tempo passa a nos definir. Para quem nos acompanha, somos o que postamos e compartilhamos.

Por isso é tão importante administrar a própria história e garantir que você se defina antes que os outros façam isso em seu lugar. Controle a mensagem e a conclusão alheia. Direcione a impressão que será formada sobre você.

Antes de entrar nas conclusões práticas sobre como se dá essa construção de narrativas no ambiente das redes sociais, apresento a seguir um pouco mais de teoria, fazendo um paralelo entre a *jornada do herói*,[14] os roteiros dos filmes de Hollywood e a maneira como apresentamos a história de nossa vida. Todos esses conceitos se juntam para explicar narrativas e ilustrar uma maneira inteligente de organizá-las.

---

14 A jornada do herói é um roteiro cíclico presente em mitos identificado pelo antropólogo norte-americano Joseph Campbell.

CAPÍTULO 21

O mito pessoal

Comecemos por Joseph Campbell. Em 1949, o mitólogo e professor norte-americano lançou o livro *O herói de mil faces*, que aos poucos conquistou um lugar entre os clássicos. Muito influenciado por Jung, sobre quem já falei, sua grande contribuição para o universo do conhecimento foi encontrar nas histórias mitológicas um padrão universal. De Buda a Jesus Cristo, dos deuses gregos aos contos de Grimm, havia uma sequência de ações e etapas básicas pelas quais todos passaram. Seu herói de mil faces seria um herói mítico, arquetípico, cuja vida se multiplicou em muitas terras e por muitos povos, tomando formas diferentes em cada contexto, mas seguindo um roteiro parecido. Campbell afirma que:[15]

> Um herói lendário é normalmente o fundador de algo, o fundador de uma nova era, de uma nova religião, uma nova cidade, uma nova modalidade de vida. Para fundar algo novo, ele deve abandonar o velho e partir em busca da ideia semente, a ideia germinal que tenha a potencialidade de fazer aflorar aquele algo novo.

---

15 Joseph Campbell, *O herói de mil faces*. São Paulo: Pensamento, 2003. p. 15.

A história básica da jornada do herói, segundo ele, passa por abrir mão do lugar onde se vive depois de um chamado e entrar na esfera da aventura, durante a qual haverá uma série de provas e testes, assim como possíveis ajudantes. O resultado da jornada é chegar a uma percepção diferente da inicial e depois voltar à esfera da vida normal — idealmente compartilhando a sabedoria conquistada. Apesar de *O herói de mil faces* ser um livro um tanto acadêmico, está recheado de exemplos que mostram a recorrência desse modelo.

Como boas ideias são sempre adaptadas e ressignificadas, essa descoberta sobre os mitos logo passou a ser utilizada por uma indústria que até hoje cultiva seus princípios: o cinema de Hollywood. Christopher Vogler, que trabalhou como analista de roteiros para a Walt Disney Company, foi um dos responsáveis por traduzir os conceitos mitológicos para o entretenimento. Ele escreveu o livro *A jornada do escritor*, dando orientações para a estruturação de enredos e criação de personagens com base na jornada do herói — uma obra bem menos densa do que a de Campbell. Seu objetivo era ajudar as pessoas a escreverem bons roteiros de filme, pontuando os momentos de virada essenciais.

Como o próprio Vogler escreveu no prefácio de seu livro,

> *O herói de mil faces* foi uma tábua de salvação quando comecei a trabalhar como analista de histórias para os grandes estúdios de cinema. Logo de saída me senti profundamente grato à obra de Campbell, que se transformou numa ferramenta confiável para diagnosticar os problemas dos enredos e prescrever soluções.[16]

Para tornar essa conversa menos abstrata, falemos de cultura pop. Você já deve ter assistido a algum filme da saga Star Wars ou à animação *Procurando Nemo*, sucessos no mundo todo. Por mais distintos que sejam, ambos têm algo em comum: a estrutura de Vogler e a jornada do herói. Aliás, George Lucas, o cineasta responsável por criar franquias como Star Wars e Indiana Jones, era leitor confesso de Campbell.

---

16 Christopher Vogler, *A jornada do escritor*. 2. ed. Rio de Janeiro: Nova Fronteira, 2006. p. 27.

Pense em Luke Skywalker. Ele está em sua vidinha comum, numa vila remota, morando com seus tios fazendeiros. Encontra um robô que projeta uma mensagem da princesa Leia. De início, Luke resiste ao chamado. Mas quando seus tios são mortos e sua casa é destruída, não lhe sobra alternativa senão partir. Ao deixar os limites de seu mundo conhecido, conta com a orientação do mestre Obi-Wan Kenobi. Entre as dificuldades encontradas pelo caminho estão batalhas com Storm Troopers, a tropa do Império Galático e um compactador de lixo. No processo, Luke encontra dentro de si mesmo a força para enfrentar seu destino e protagoniza um ato heroico, realizando algo maior do que ele mesmo. Agora, pense em Nemo e seu pai, Marlin. Ambos vivem uma jornada do herói, paralelamente. Quando Nemo resolve navegar por águas desconhecidas, ele enfrenta as dificuldades para amadurecer. Quando seu pai sai em busca do único filho, também precisa superar seus medos.

Todas essas referências me levam à ideia de que cada um de nós é capaz de enxergar a própria vida como uma narrativa de estrutura mítica. De onde você está vindo e para onde está indo? Qual é sua jornada? O roteiro de sua vida precisa gerar transformação e sua história não pode ser construída apenas com o belo e o perfeito. Haverá obstáculos e provações e é a partir deles justamente que damos os saltos qualitativos. É como se você fosse ao mesmo tempo personagem e roteirista, sendo capaz de construir um enredo que não só o represente, mas também o fortaleça. Campbell escreveu:

> O que julgo ser uma boa vida é aquela com uma jornada do herói depois da outra. Você é chamado diversas vezes para o domínio da aventura, para novos horizontes. Cada vez surge o mesmo problema: devo ser ousado? Se você ousar, os perigos estarão lá, assim como a ajuda e a realização ou o fiasco. Existe sempre a possibilidade do fiasco. Mas existe também a possibilidade da bem-aventurança.[17]

---

17 Joseph Campbell, *Mito e transformação*. São Paulo: Ágora, 2008. p. 156.

Em seus trabalhos mais tardios, ele passou a defender que cada um de nós encontrasse um mito pessoal pelo qual viver, de acordo com aquilo que nos move, com os símbolos nos quais enxergamos significado e em sintonia com cada etapa da vida. "Você pode receber ordens e orientação de terceiros, mas precisa encontrar seu caminho", afirmou. "O que estamos buscando? Realizar aquilo que é o potencial em cada um de nós. Essa busca não é uma viagem egoica, é uma aventura para realizar sua dádiva (dom) ao mundo: você mesmo."

Um dos aspectos que mais me fascinou nessa ideia de mito pessoal proposta por Campbell foi o fato de haver nela certa baianidade, de se relacionar com minha crença pessoal, o candomblé. Ainda que ele não se aprofunde nos mitos africanos, o paralelo para mim é evidente. Os orixás nos oferecem os arquétipos que precisamos para lidar com nosso odu, que é o destino, a narrativa. Quem alimenta seu orixá e persegue seu odu poderá ter uma vida mais promissora. Para mim, isso é uma imagem emblemática de escolha de um mito pelo qual viver e de como essa opção é capaz de fortalecer nossas próprias narrativas.

Esse papo de heróis, mitos e orixás pode nos dar a sensação de que estamos falando de algo muito distante, que não cabe a pessoas normais; de que é coisa de celebridades e de gente que quer entrar na história. Besteira. Todos, todos mesmo, vivemos uma fantástica jornada pessoal, com todos os seus desafios, todas as derrotas, todos os elementos de um grande épico. A vida de cada um de nós tem potencial de virar um filme, basta termos consciência disso e não nos acomodar. Temos de escolher um mito pelo qual queremos viver, e um sonho a realizar, uma utopia para nos guiar. Pois, além da possibilidade de viver um mito, olhando de forma mais pragmática para nossa jornada, são os sonhos e as utopias que nos levam mais longe.

Gosto muito do pensamento de Agostinho da Silva, um filósofo português que morou na Bahia na década de 1950, sobre como a utopia é um meio de chegar.

> Creio ser necessário caminhar para uma utopia, em seu sentido real, como algo de cuja impossibilidade prática todos tenham consciência.

Costumo usar uma fórmula um tanto paradoxal: a realização da utopia por meio da matemática, isto é, não avançar com nada que não seja certo, seguro, racional e experimentado, mas de modo a caminhar para uma utopia, para o impossível. Tomar o previsível como via de acesso ao imprevisível.

Agostinho da Silva tem uma visão pragmática sobre como devemos desejar o melhor cenário e estar sempre em busca de chegar o mais perto possível dele. Essa premissa condiz com minha opinião sobre jornada pessoal e direcionamento de imagem: mirar no impossível e cada dia, a cada passo ou palavra, fazer o possível. Se ficarmos presos ao que de fato conseguimos realizar no curto prazo, nunca chegaremos mais longe.

Quem aceita viver uma jornada e entende qual é o desafio a ser perseguido será capaz de construir uma narrativa poderosa tanto para motivar-se a si mesmo quanto para engajar os outros; tanto para contar dentro das redes sociais quanto para realizar fora delas.

PARTE 4

Como cuidar de sua própria imagem: notas práticas

Encaremos um fato: hoje, todo mundo está sujeito a uma crise de imagem. Não são apenas os famosos e poderosos que podem se envolver numa polêmica de repercussão nacional. Com a maior parte da população conectada por meio de diferentes redes, uma frase mal interpretada ou uma foto constrangedora podem se espalhar na velocidade do teclar dos dedos. E aí, seja na home do maior portal de notícias do Brasil ou no grupo de WhatsApp de sua família, uma mensagem errada pode prejudicar sua imagem e, portanto, sua vida.

Muito melhor do que passar nervoso gerindo qualquer tipo de crise de imagem é evitar as arapucas e manter sua selfie longe das polêmicas. A jornada de reflexão e aprendizado que construí durante este livro teve o propósito de empoderar as narrativas individuais, mostrar um caminho para a construção de um posicionamento verdadeiro e explicar como funciona esse ambiente virtual, quais são suas fortalezas e armadilhas.

Entendo que a última etapa de amadurecimento da consciência e construção de sua imagem é desenvolver sensibilidade para comunicar cada vez melhor sua mensagem e evitar erros comuns. Ao ter consciência da história que se deseja contar e qual a melhor maneira de ela ganhar relevância nas redes sociais, o próximo passo é aparar algumas arestas e lidar de maneira inteligente para não cair nas armadilhas do ecossistema digital.

CAPÍTULO 22

A responsabilidade é do mensageiro

Lembro-me de que a primeira vez que ouvi essa afirmação, discordei dela e discuti bastante com minha professora da teoria da comunicação, mas depois aceitei o óbvio: a responsabilidade pelo correto entendimento de uma mensagem é única e exclusivamente de quem a transmite. Esqueça o papo de que "eles que entenderam errado"; não existe entender errado, existe não se comunicar da forma certa. Por isso, o primeiro passo ao organizar uma informação é ter clareza de seu objetivo e assunto e do público que será atingido. Ao saber sobre o que e para quem você está falando, é possível planejar a forma e o conteúdo de maneira que tenham o impacto desejado.

Qual o propósito de sua comunicação? Qual seu objetivo ao se expressar? Essa questão importantíssima é básica para entender todo passo dado, toda interação com a rede, toda vez que for abrir o microfone. Eu não abro a boca em público sem saber por que estou fazendo isso, entendendo também que o silêncio é uma mensagem e que às vezes não há outro jeito senão falar.

Daí o segundo ponto: a audiência. Com quem você está se comunicando? Quais são as limitações de entendimento, ou qual o interesse principal e as motivações do público para quem você está transmitindo sua mensagem? Questões básicas como: que língua ele fala? Qual o melhor tipo de linguagem a ser usada? Qual o conflito de agenda entre seu propósito de comunicação e a direção desse assunto na mente do receptor? São muitas questões a considerar, e sim, é sempre preciso escolher gestos e palavras. Isso é uma arte.

No ecossistema digital em que vivemos, o jogo ficou bem mais complicado. Se por um lado é mais fácil atingir diretamente um público ou bolha de interesse, nossa mensagem alcança também ao mesmo tempo milhares de outros públicos e bolhas de interesse, que no momento vivem cada vez mais fortalecidos e centralizados. Ou seja, o risco de uma mensagem atingir positivamente o público que você quer, mas pegar mal em dezenas de outras turmas é bem alto.

Numa comunicação etnocentrada como a brasileira-ocidental, feita por e para o homem branco, o sistema começou a ruir quando as outras bolhas, minorias que na prática são maiorias, começaram a ter voz e força para deixar bem claro e de forma combativa o que ficou entendido em cada mensagem. Mensagens machistas, racistas ou de qualquer maneira ofensivas passaram a não ser mais aceitas, e a culpa não é de quem entende: a responsabilidade é, sim, de quem fala.

Porém, pouca gente incorpora essa regra no dia a dia. A lógica comum é "a culpa não é minha se não entenderam o que eu falei". Minha sugestão é que você descarte de vez essa mentalidade. Se alguém não entender o que você disse, a culpa é sua. Você é responsável pelo que os outros entendem sobre o que diz, quem você é e o que você afirma. Se a maioria entendeu errado, o mensageiro não foi eficiente.

Eu sei o quanto é difícil se fazer entender, não subestimo o desafio desse trabalho. Certa vez tuitei, em tom de desabafo, que o maior problema do brasileiro é a interpretação de texto. Pois é, temos de lidar com o fato de que algumas pessoas não são capazes de entender mensagens complexas. Mas se você quer falar com o mundo, não deve torcer o nariz para a maneira como ele se apresenta. Tem, sim, de adaptar sua comunicação, lapidar sua mensagem. Seja claro para ter credibilidade. Seja simples sem perder consistência. É difícil, mas aí reside a arte de se comunicar.

Nas redes sociais, quando estiver falando de algum assunto delicado ou um tema sensível, certifique-se de que sua mensagem não tenha nenhum ruído, nenhuma possibilidade de ser mal interpretada ou de soar desnecessariamente ofensiva. Pergunte a outras pessoas de sua confiança e que tenham bom senso sobre o teor do que você quer publicar. Na dúvida, não poste.

Vá atrás de outras informações antes de dar sua opinião sobre um assunto. Entenda o posicionamento de pessoas que se manifestaram antes de você. Busque as nuances e defina seu posicionamento sem a arrogância de ignorar outros pontos de vista. Comunicar-se de forma eficiente em rede parece difícil, mas na verdade basta ter consciência dos objetivos e onde sua mensagem irá desaguar. Daí fica fácil.

CAPÍTULO 23

O peso das palavras

Se a responsabilidade de ser entendido é da pessoa que comunica, é preciso levar em consideração o peso das palavras. Cada expressão carrega, além do significado, um valor simbólico. A escolha de palavras é uma arte e envolve compreender não apenas seu sentido objetivo, mas também a maneira como ela ressoa na mente e no coração das pessoas.

Nos Estados Unidos, por exemplo, a palavra *nigger* tem uma força diferente se quem a pronuncia é uma pessoa branca ou uma negra. Os negros podem usar a expressão em conversas, músicas, textos. Já na boca de um branco a palavra se torna uma ofensa, pois está historicamente associada a um linguajar ultrajante, racista. Jonathan Friedland, que chefiou a área de comunicação da Netflix, uma empresa progressista, foi demitido em 2018 depois de usar o termo *nigger* em dois momentos diferentes dentro da empresa. Numa mensagem aos colaboradores, o CEO da empresa, Reed Hastings, escreveu que o "uso da N-word em pelo menos duas ocasiões mostrou uma inaceitável baixa consciência racial e sensibilidade"[18] — perceba que nem no e-mail se usa a palavra por extenso.

---

18 Disponível em: <hollywoodreporter.com/live-feed/jonathan-friedland-exits-netflix-1122675>.

Eu mesmo deixei de usar uma palavra depois de investigar mais sobre sua origem. Costumava falar com frequência "banzo", que eu cresci ouvindo em minha infância na Bahia como sinônimo de tristeza e saudades. Como eu saí de lá há mais de quinze anos, dizia volta e meia que estava com banzo de minha casa nos posts. Mais ou menos em 2017, aboli a palavra de meu vocabulário. Na época em que os escravos eram traficados da África para o Brasil, banzo era como se referiam à depressão, uma doença que os matava de tristeza. Veja, essa palavra carrega uma carga muito mais forte do que saudades de minha terra. O fato de um homem branco usar essa mensagem não só é inadequado, como também uma falta de respeito à memória e à dor de todo um povo retirado à força de seu país.

Palavras, gestos e símbolos possuem cargas semânticas que vão além de suas definições literais e clássicas. São equações que geram resultados diferentes em cada contexto, cada ambiente. O som das palavras ao ser emitidas por si só levanta ondas de energia que têm impacto inconsciente em cada um que recebe sua vibração. O filósofo luso-moçambicano José Gil escreveu: "As palavras produzem efeitos físicos, corporais, mudanças de estados de coisas".[19] O povo iorubá tem um termo para descrever essa força, "afoxé", palavras de axé, palavras que contêm a energia de realização, palavras que fazem acontecer. São os cânticos, as orações. São os discursos que mudam a energia e a atitude de uma multidão, são os cantos que transformam folhas em magia e homens em deuses.

Escolher as palavras e gestos, ter consciência de seu impacto além do gramatical em cada um que a recebe é uma importante ferramenta não só de controle do próprio discurso, para não errar, mas acima de tudo de empoderamento da própria linguagem.

---

19 José Gil, *Caos e ritmo*. Lisboa: Relógio D'Água, 2018.

CAPÍTULO 24

O politicamente correto

O mundo está chato, dizem alguns. Tudo é preconceito, racismo, machismo e homofobia. Mimimi. Não se pode falar nada sem ser recriminado. Se você faz parte desse grupo cansado do politicamente correto, ofereço-lhe outra perspectiva: para quem foi por anos vítima de opressão, discriminação com palavras, atos, músicas e piadas, será que o mundo não está se tornando um lugar melhor?

Eu concordo com o ator Wagner Moura quando ele diz que o politicamente correto é uma ferramenta civilizatória que inventamos para que uma criança negra não veja um negro sendo humilhado na TV. Sim, o preconceito existe e precisamos criticar suas manifestações, mesmo que elas estejam disfarçadas de brincadeira. Ser chato com os politicamente incorretos é, de certa maneira, um instrumento de educação pública, para evitar ofensas e desrespeito a grupos que foram marginalizados por muito tempo.

O escritor Moacyr Scliar, que traduziu o *Dicionário do politicamente correto*, de Henry Beard e Christopher Cerf, afirmou que esse movimento corresponde a um determinado cenário histórico. "É a expressão da revolta de grupos marginalizados em busca do respeito que merecem; traduz séculos ou milênios de humilhação e de opressão sutil e brutal, quando não sanguinária. Que se revista de exagero é apenas compreensível", escreveu.[20]

Eu entendo o possível e eventual exagero como uma necessária política afirmativa. Talvez, num futuro não tão distante, possamos ser mais flexíveis, mas a corda estica antes de afrouxar. A força do politicamente correto hoje tenta compensar anos de total falta de consciência e empatia. Por isso, qualquer expressão preconceituosa hoje é passível de sofrer represália, contestação ou punição. Precisamos aceitar que essa reação existe e que para alguns grupos esse policiamento é uma ação afirmativa, é marcar posição, ocupar território.

Nas redes sociais, onde somos vitrine para o julgamento alheio e estamos conectados a uma enorme rede de pessoas em tempo real, ignorar esse movimento pode ser fatal. Goste ou não, você será criticado se inferiorizar grupos considerados vulneráveis.

O estilista John Galliano foi demitido do cargo de diretor criativo da grife francesa Dior em 2011 depois de ser filmado fazendo comentários antissemitas num bistrô em Paris. O apresentador William Waack deixou o *Jornal da Globo* depois que uma gravação na qual ele reclama de uma buzina com o comentário "é coisa de preto" viralizou na rede.

Para além da linguagem, indico um livro revelador exatamente por destacar o óbvio. Chama-se *Microaggressions of Everyday Life* [Microagressões do dia a dia], escrito por Derald Wing Sue.[21] A pesquisadora americana traz à luz todas as microagressões que as pessoas cometem, diariamente, sem perceber. É o taxista que tem receio de parar para negros. A criança negra confundida com menino de rua. A mulher vítima de sexismo no trabalho, os gays convivendo com referências caricatas. Formas de preconceito que estão abaixo do nível da consciência e muito comuns em nossa sociedade.

Para quem, como eu, foi criado entre os privilegiados, exercer

---

20 Henry Beard; Christopher Cerf, *Dicionário do politicamente correto*. Porto Alegre: L&PM, 1992.
21 Derald Wing Sue, *Microaggressions in Everyday Life: Race, Gender, and Sexual Orientation*. Hoboken (NJ): John Wiley & Sons, 2010.

o politicamente correto é um estado perene de empatia. Inclusive comigo mesmo. É mais do que uma luz amarela ligada ou uma paranoia necessária, como costumo falar; aceitar o politicamente correto como ferramenta civilizatória e se comprometer com ele é uma terapia constante de evolução pessoal e de construção de uma empatia verdadeiramente humana.

CAPÍTULO 25

O lugar de fala

Esse conceito é um exercício de não ousar falar mais alto sobre aquilo que não nos diz respeito, mesmo tendo todos os canais do mundo disponíveis. Se você não é um médico e alguém se machucar à sua frente, você pode até tentar fazer um curativo para estancar um sangramento, mas assim que estiver perto de um especialista dará lugar para que ele assuma o tratamento, certo? Da mesma maneira, uma pessoa branca pode comentar e discutir opressão a negros, mas tem muito menos legitimidade para abordar esse assunto, porque nunca o sofreu na pele. Ou seja, precisará ceder o lugar quando alguém com mais propriedade sobre o assunto quiser falar. É preciso ter sensibilidade para saber de quem é a preferência de opinar para determinados assuntos.

Assim como o politicamente correto tem o papel de acabar com preconceitos que se espalham sem (auto)crítica, o lugar de fala devolve o protagonismo aos protagonistas de fato. Essa ideia ganhou força com os movimentos sociais como o feminista, o negro e o LGBTQ. Não há necessidade de mediação. Por exemplo, não faz sentido que uma análise sobre direitos dos homossexuais seja feita apenas por heterossexuais. Os interessados precisam ter voz e protagonismo nessa discussão, e não ser representados por quem não conhece sua realidade.

Cada vez que falamos sobre qualquer assunto, nós o fazemos de um determinado ponto de vista. Eu, por exemplo, falo do lugar que um homem branco ocupa. Uma mulher negra, por sua vez, ocupa outro lugar. Um oriental, um terceiro. Isso para ficarmos apenas nas etnias. Por muito tempo, as vozes dominantes ocuparam todos os espaços e fingiam não ver que existiam outras necessidades no mundo, além da sua própria. As redes sociais e a democratização das plataformas de expressão quebraram alguns monopólios de narrativas e deram força à fala de quem não era ouvido.

Djamila Ribeiro, mestre em filosofia e ativista do movimento negro feminista, escreveu um livro chamado *O que é lugar de fala?*, no qual diz que "o falar não se restringe ao ato de emitir palavras, mas de poder existir. Pensamos lugar de fala como refutar a historiografia tradicional e a hierarquização de saberes consequente da hierarquia social".[22]

Por muitos anos foi negado aos grupos oprimidos o controle da narrativa de suas próprias histórias. A maior parte do que sabemos sobre escravidão, por exemplo, foi narrada a partir do lugar de fala do homem branco, dos autores dos livros de história consagrados até bem recentemente.

Quando o escritor Ruy Castro criticou em sua coluna no jornal *Folha de S.Paulo* a eventual proibição da marchinha "O teu cabelo não nega",[23] que falava de mulatas, ele foi duramente recriminado por leitores pelo fato de ser um homem branco. Que legitimidade teria para dizer se a música era ofensiva ou não?

Dou ênfase a essa questão porque quem cuida da própria imagem precisa estar consciente dessa nova configuração dos debates, sobretudo aqueles que ocupam lugares privilegiados e nunca tiveram dificuldade de ser ouvidos. É preciso estar alerta para não errar. Alerta para mais uma vez não furar a fila. Por outro lado, você precisa entender qual é seu lugar de fala e quais discussões pode (e deve)

---

22 Djamila Ribeiro, *O que é lugar de fala?* Belo Horizonte: Letramento, 2017. p. 56.
23 Disponível em: <folha.uol.com.br/colunas/ruycastro/2017/02/1855416-o-carnaval--dos-ofendidos.shtml>.

protagonizar, ocupando espaços pertinentes. Utilizar as redes sociais como ampliação de sua voz é essencial.

Se você quiser falar sobre assuntos relacionados a algum grupo ao qual você não pertence, considere primeiro se tem propriedade para isso e, segundo, qual o seu lugar nessa discussão, sob qual perspectiva foi construído seu olhar. Então, uma pergunta simples: o que estou acrescentando à discussão? Depois, pense se ocupa um lugar de privilégio em relação ao oprimido. Se sim, talvez seja melhor não falar nada. Por último, garanta que ao se posicionar você não está tentando falar por ninguém — todo mundo pode falar por si. Na dúvida, a regra de ouro: não fale sobre o que não lhe diz respeito.

CAPÍTULO 26

A consciência da própria verdade

Por tudo que já falamos sobre a característica do ser humano de agrupar-se entre similares, e também de como todo ecossistema de algoritmos nos força a ter contato apenas com o que mais nos identificamos, esquerda ou direita, coxinha ou mortadela, raiz ou Nutella, preto ou branco, bom ou ruim, feio ou bonito, o tempo passa e só aumenta nossa tendência em classificar as pessoas em caixinhas e dividir a humanidade em "isso ou aquilo", criando dualidades para todos os assuntos. Possivelmente em algum momento de nossa vida caímos intencionalmente ou não numa dessas classificações extremas, que pouco dizem sobre quem somos, mas criam um estereótipo que gruda em nós como chiclete. Com a maré inteira nos arrastando nesse sentido, todo o nosso esforço deve ser para não entrar no jogo da dualidade nem ficar preso a caixas que não dão conta da complexidade da existência ou das ideias de cada um.

Voltemos à mitologia numa metáfora sugerida por Campbell em seu livro *Mito e transformação*. Diz a lenda que no Bósforo, estreito que hoje marca a divisão entre a Ásia e a Europa, havia um par de rochedos que bloqueavam a mais importante passagem. Eram as chamadas Simplégades, que se movimentavam de um lado para o outro e se chocavam, fazendo os barcos naufragarem. Essas rochas representam a dualidade, os extremos que se batem, que confirmam suas existências exatamente através do embate e, ao fazer isso, impedem o prosseguimento do percurso, o curso normal das narrativas, o avanço do indivíduo e da sociedade.

As Simplégades foram derrotadas por Jasão e os argonautas, tripulantes da nau Argo. A solução que encontraram para fazer a travessia foi soltar uma pomba, que os rochedos tentaram esmagar sem sucesso. Depois do choque, quando começaram a se afastar, os argonautas remaram fortemente e conseguiram chegar ao outro lado das rochas perdendo apenas uma parte do ornamento da popa. Com esse desfecho, as Simplégades teriam parado de se mover para sempre.

Cada um deve encontrar sua própria estratégia para se livrar do choque das dualidades e, pior, para não ser classificado e jogado num dos extremos. O melhor caminho, a melhor estratégia, não por acaso representada na Grécia por uma pomba, é o fortalecimento da própria verdade. O importante, como dizia Agostinho da Silva, é "ser-se o que se é, e tornar-se contagioso",[24] imbatível. A consciência da própria verdade e o constante reforço dela é a melhor forma de manter a integridade de um caminho e uma jornada que é só sua. Cada indivíduo tem sua própria história.

---

24 Paulo Alexandre Esteves Borges (Org.), *Agostinho da Silva: Dispersos*. Lisboa: Instituto de Cultura e Língua Portuguesa, 1988. p. 68.

CAPÍTULO 27

Não trabalhamos com mentiras

Nunca, em nenhuma hipótese, podemos mentir em público. A mentira revelada é a bala de prata na reputação dos homens que se importam com isso. Não estou falando de gente que faz da mentira instrumento de manipulação política e de poder, esses são criminosos. Falo do erro médio, da mentira desnecessária, da autoilusão, do atalho para não encarar problemas, do descaso com os outros ou com instituições, do caminho que parece mais fácil, mas que é sem volta. Estamos falando aqui da construção de reputações, no fortalecimento de verdade. Todos já mentiram na vida, e quem mentiu uma vez tem de ralar muito para nos convencer de que não mentirá na próxima. Mas uma verdade que fica é que não se conserta um erro com outro erro, não se resolve uma mentira com outra mentira.

A personagem Olivia Pope, uma gestora de crise vivida pela atriz Kerry Washington na série *Scandal*, fica sempre transtornada quando um cliente mente. A regra é clara: nunca se contam mentiras, seja para a imprensa ou para quem for, quando você é uma pessoa pública. Eu concordo com Shonda Rhimes, criadora da série, e vou além. Mentir não só pode pegar mal quando alguém descobre, como tende a deixá-lo mais vulnerável. Quando inventamos uma história, ficamos mais frágeis, pois garantir que ninguém perceba suas incoerências exige um grande esforço mental.

CAPÍTULO 28

Pense antes de postar

Ah, os haters. A má notícia é que eles sempre existirão. A boa, por outro lado, é que não é pessoal. Não tem nada a ver com você especificamente. Todo mundo lida com eles, ou seja, você não é especial se passar a ser perseguido por *haters*. É desagradável, mas é uma característica das redes em nossa época.

Às vezes, até aqueles que o amam resolvem odiá-lo. Mas isso também não é novidade. É comum que seguidores ou fãs discordem de você de vez em quando. Uma simples ação como cortar o cabelo pode ser um prato cheio para críticas, por exemplo, apenas porque as pessoas preferiam que você continuasse de cabelos compridos. O leque é grande: vale tanto para celebridades como para adolescentes, sujeitos ao bullying virtual.

Portanto, é preciso ter consciência de que você estará sempre diante da possibilidade de provocar reações que parecem com ódio e terá de lidar com agressões dependendo do que disser ou fizer. O melhor é não baixar a guarda, estar atento à existência dos haters e ponderar cada postagem, sem nunca se dirigir a eles diretamente. Caso apareçam para criticar, não se abale por suas afirmações nem alimente o bate-boca.

Todas essas dicas são simples de executar, mas exigem algo nem sempre fácil nos dias de hoje: pensar antes de agir. Em meio ao turbilhão de mensagens e interações, controlar o que falamos e o quanto expomos é um desafio. Algoritmos, plataformas e o efeito manada estão sempre nos puxando para postar mais e mais. Portanto, aprender a controlar os impulsos e contar até dez antes de qualquer manifestação são os pequenos gestos mais valiosos.

CAPÍTULO 29

Gestão de crise: dez dicas para preservar sua imagem no olho do furacão

Em 2017, o jornal *O Globo* publicou uma reportagem relatando o caso de Hevellyn Pedroza. Dois anos antes, a jovem chegara atrasada ao local onde realizaria o Enem, em São Paulo. Ficou desesperada ao perceber os portões fechados. As fotos com sua cara de pânico viraram meme. A repercussão foi tanta que as imagens continuavam voltando às redes nos anos seguintes na época de realização da prova nacional. Depois da fama, ela conseguiu bolsa de uma universidade privada para estudar Direito e declarou sua vontade de se especializar em crimes cibernéticos para defender pessoas que, como ela, viraram chacota na web. Do lado emocional, a questão ficou mal resolvida. "Eu virei sinônimo de atraso. Não era assim que eu queria construir minha imagem", afirmou à reportagem.

    Hevellyn não está sozinha. Casos de pessoas comuns colocadas sob os holofotes, em crise por algo que disseram ou fizeram, deixaram de ser raridade. Pode-se argumentar que é desagradável estar sujeito a tanta exposição, mas não há como fugir das circunstâncias. A boa notícia é que, uma vez que você escorregou na casca de banana, há dicas práticas para gerir a crise. E as iniciativas não são muito diferentes daquelas que eu adoto com as pessoas públicas que são minhas clientes.

Imagine que você se encontra numa saia justa nas redes sociais ou diante de um ataque feito por pessoas que se ofenderam com algo que você fez ou falou. Está completamente transtornado, sem saber qual o próximo passo a dar ou a quem recorrer. É um sinal de que você entrou numa crise e precisa se concentrar em sair dela. Mas como? Vou dar aqui dez dicas de como lidar com isso:

Não mexa no vespeiro

Às vezes, o primeiro passo é tirar as mãos do teclado e sair de perto do celular ou do computador. Convoque alguém — profissional ou um conhecido de confiança — para cuidar da situação e afaste-se o mais rápido possível. Para quem está envolvido diretamente no problema, pode ser muito difícil criar o distanciamento necessário para solucioná-lo. Enquanto não analisou com calma a situação, não se pronuncie, não tente se justificar e não questione as pessoas que estão criticando. Se algo deu errado, pare, analise e não mexa no vespeiro. Qualquer novo deslize pode aumentar o problema. Lembre-se de que há algoritmos ao redor de seu perfil criando um redemoinho de informações e julgamentos. Não se engaje nessa narrativa se houver alguma chance de piorar a questão.

Em 5 de dezembro de 2015, quando a barragem da mineradora Samarco rompeu na cidade de Mariana, causando uma tragédia ambiental no rio Doce e afetando milhares de famílias, houve uma comoção nacional e repercussão internacional. O caso ocupou as manchetes da imprensa brasileira por dias. A Samarco era controlada em conjunto pelas empresas Vale e BHP.

Menos de um mês depois do desastre, o diretor jurídico da Vale afirmou num evento em Nova York que a companhia não tinha responsabilidade legal pelo rompimento da barragem. A mensagem, claro, era uma análise jurídica do caso. Porém, a notícia veiculada pelo jornal *Folha de S.Paulo* depois da declaração trazia o título "Vale nega responsabilidade legal por rompimento de barragem em

MG".²⁵ Qual a impressão que o cidadão, já incrédulo com os fatos, tem quando lê essa frase? Em meio às críticas que vinham sendo feitas, era dispensável trazer o caso mais uma vez à tona, sobretudo emitindo essa opinião.

No caso do diretor da Vale e de muitas outras situações em nossa vida, o mais importante é deixar o problema esfriar, a onda baixar. Não alimente uma corrente negativa de algoritmos, pois nesse caso ela só tende a aumentar.

Não crie novos problemas

Você pisou na bola, o.k. Encare seu erro, mas não tente criar outra polêmica para desviar a atenção da questão inicial. Digamos que você entrou numa discussão política. Falou mal de um candidato de maneira ofensiva. Os defensores desse candidato estão te criticando com veemência e você está sendo linchado na praça pública virtual. Para tentar mudar o foco, você tenta consertar dizendo que sua opinião se aplica a outro político, tão ruim quanto aquele de quem você falava no início. Bem, os defensores desse segundo acusado poderão cair matando em cima de você. Se estava brigando numa frente, agora terá de encarar duas. Por que criar mais confusão? Pois é, não caia nessa tentação. A estratégia de criar uma nova história para fazer as pessoas esquecerem da primeira é muito delicada e instável. É melhor evitar.

Um caso público de um problema que virou dois foi o posicionamento do jogador Neymar depois da Copa do Mundo de 2018. Criticado pelos torcedores e pela imprensa por seu comportamento durante os jogos, ele voltou à cena no final de julho, cerca de duas semanas após a final, tentando melhorar sua imagem por meio de um comercial de uma marca de aparelhos de barbear e sua patrocinadora. "Eu demorei para aceitar suas críticas, eu demorei para me

---

25 Disponível em: <folha.uol.com.br/cotidiano/2015/12/1713642-vale-nega-responsabilidade-legal-por-rompimento-de-barragem-em-mg.shtml>.

olhar no espelho e me transformar em um novo homem, mas hoje eu estou aqui, de cara limpa e de peito aberto", anunciava Neymar no vídeo de um minuto e meio. As pessoas mal tinham superado o desconforto com as atitudes do jogador e lá estava ele, em rede nacional, ganhando milhões de reais para fazer um mea culpa. Repercutiu como uma declaração, além de falsa, oportunista. Criou um problema duplo: o jogador voltou a ser criticado pelo que fez na Copa e passou a ser motivo de piada pelo pedido de desculpas patrocinado.

Costumo dizer que um nó não se desata puxando as pontas. Para desfazer a confusão, é preciso despressurizar, eliminar a tensão. Muita gente tenta resolver puxando de lá ou puxando de cá, mas assim não se escapa do problema. Na pressão, ele tende a aumentar. Por isso, é importante manter a calma e a lucidez. Despressurizar. O que nos leva à próxima atitude importante para gestão de crise.

Disciplina

Qualquer ação durante uma crise pode gerar reações inflamadas. Portanto, todo movimento deve ser pensado. No caso de meus clientes, nada é feito sem antes conversarmos e traçarmos uma estratégia. Se você não tem um interlocutor profissional para esses momentos porque não é uma pessoa pública, minha sugestão é calcular como limitar sua exposição aos holofotes.

Por exemplo, durante uma crise, mesmo que você não faça nenhum novo post nas redes sociais, ações simples como dar like no comentário de uma pessoa ou deixar de seguir alguém se tornam grandes acontecimentos. Apagar o post alvo da polêmica, então, pode significar só mais gasolina para alimentar a fogueira. Com o recurso de print de tela, nenhum conteúdo é deletável — sempre haverá cópias circulando. Como dizia a personagem Odete, da novela *O Clone*, frequentadora assídua do piscinão de Ramos, cada mergulho é um flash. Quando você está na crise, cada movimentação é um statement.

Disciplina é entender que toda causa tem um efeito e que é preciso pensar muito antes de agir. Se estiver na dúvida, não faça nada. Não se arrisque se estiver inseguro. No caso de um texto, imagem ou vídeo agressivo que tenha sido alvo de polêmica, minha sugestão é não apagar a "prova do crime", mas editar o texto de descrição mostrando que você errou e sabe disso. O importante é reconhecer quem está se sentindo agredido, assumir o erro e seguir em frente.

Clareza

Seja claro em relação àquilo que você sabe, àquilo que você não sabe, à lição que ficou da crise e qual será sua postura a partir dali.

Um artista que conheço passou por uma situação delicada depois de uma atitude um tanto inocente. Ele foi a uma festa, tirou fotos com o dono do evento e postou nos stories do Instagram. Os dois haviam sido apresentados naquela noite e conversaram por alguns minutos. Na mesma madrugada, seu novo amigo bateu o carro. Matou pedestres e faleceu no acidente. A família pediu ao artista que apagasse as fotos do morto em seu Instagram. Entendendo que seria um sinal de respeito, assim fez. Porém, a notícia divulgada nas horas seguintes dizia que o empresário estava bêbado. Ele começou a ser acusado pelos seguidores de que estava tentando acobertar o motorista, escondendo sua imagem para não provar que estava alcoolizado. Antes que a história tomasse proporções incontroláveis, sugeri que fizesse um vídeo contando exatamente o que havia acontecido e dizendo aos seus fãs que sua atitude inicial era em respeito à família, mas que havia entendido que as imagens poderiam ter um desdobramento jurídico. Não postaria de novo, mas deixaria as fotos à disposição da polícia.

O youtuber Julio Cocielo, que tem mais de 18 milhões de inscritos em seu canal na plataforma de vídeos e é uma celebridade entre os jovens, também encontrou uma saída sincera depois de causar polêmica com um post racista nas redes sociais, que o tornou alvo inclusive do Ministério Público de São Paulo.[26] Comentando sobre o desempenho do jogador Kylian Mbappé, da seleção francesa, afirmou que "conseguiria fazer uns arrastão (sic) top na praia", referindo-se ao fato de que Mbappé corria muito de um lado ao outro do campo. Depois das críticas, Cocielo publicou um vídeo no qual dizia que entendeu onde tinha errado e agradeceu às pessoas que conversaram com ele e explicaram sobre racismo institucional e velado. "Minha ignorância foi combatida com conhecimento", disse, ressaltando que seu intuito nunca foi ofender ninguém. Conseguiu dar um fechamento para a questão adotando uma postura mais humilde e reconhecendo o erro.

Ao mandar uma mensagem como essa, é preciso ser objetivo, sem ironias e sem dar viés para outras interpretações erradas.

Credibilidade

Num momento de vulnerabilidade, a única maneira de resgatar a confiança é falando a verdade. Seu discurso deve ser elaborado com informações precisas e opiniões sinceras. Só assim será possível restabelecer a comunicação sem que o novo posicionamento seja desconstruído. Não dê margem para alguém apontar o dedo e revelar uma hipocrisia ou uma incoerência. Reforço minha opinião de que toda imagem deve ser reflexo da verdade de cada um e, em momentos de crise, essa máxima será testada. Qualquer tentativa de manipulação pode resultar num problema maior. Assim como nos seriados policiais, em que os advogados insistem para que seus clientes sejam totalmente transparentes em relação ao que fizeram, pessoas comuns devem se ater à verdade.

---

26 Disponível em: <mpsp.mp.br/portal/page/portal/noticias/noticia?id_noticia=19257691&id_grupo=118>.

Foco nos lovers

Concentre-se no núcleo fiel de sua audiência, nos seguidores mais engajados, nas pessoas que têm a maior consideração por sua existência e seu trabalho. Como já expliquei neste livro, *haters gonna hate*. Os lovers, às vezes, também o odiarão, mas eles podem ser convertidos e estarão interessados no que você tem a dizer. Sua missão é prestar contas para quem o ama. São essas pessoas que tentarão entender o que aconteceu e que ajudarão a virar o jogo para uma narrativa positiva.

Um cantor que deixa o show sem receber fãs no camarim ou sem dar autógrafos para quem está na porta, por exemplo, só deve explicações aos engajados. Precisa dizer aos decepcionados que entende a frustração, mas que foi direto para o hotel porque estava gripado.

A figura dos lovers, em alguns casos, é substituída pela figura de quem, por um motivo ou outro, está diretamente interessado no assunto. Aqueles para quem sua resposta é relevante, seja por interesse genuíno, ou pior, por serem vítimas. Voltando ao caso do desastre em Mariana, a Samarco talvez não tivesse exatamente fãs antes do acidente. Mas, uma vez que ele aconteceu, a comunicação precisa ser prioritariamente feita com as pessoas que foram atingidas pelo rompimento da barragem e com os funcionários. Depois com os demais. Quando há vítima, ou suspeita de vítima, ela será sempre prioridade nas ações e reações. Na sequência, toda a cadeia, até chegar aos haters. Aqueles que estão diretamente envolvidos devem ser os primeiros impactados pela sua comunicação.

Cada plataforma, uma bolha

Ao cuidar de uma crise, muito cuidado para não misturar as plataformas. O gerenciamento precisa ser feito no ambiente em que a crise começou e, respectivamente, naqueles pelos quais ela se espalhou, nada além disso.

Cada rede social é uma bolha, um contêiner de audiência. Se o post que provocou controvérsia foi feito no Twitter, responda e resolva ali mesmo. Se você falar da questão no Instagram, para seguidores que nem sabiam o que estava acontecendo, pronto, acabou de ampliar a relevância a um assunto que antes estava restrito. Contenha a crise ao lugar onde ela começou. O que importa é a opinião pública da bolha onde o problema está.

Se o burburinho migrar para plataformas como Instagram ou Facebook, o trabalho aumenta, porque pode ser necessário controlar o fluxo de comentários, desativando essa possibilidade ou apagando manualmente as ofensas. O último nível de dor de cabeça é quando o problema fica em evidência num lugar como a home de um grande portal, ou a capa de um jornal, meios pelos quais até as pessoas mais desconectadas de redes sociais se informam. Quando o problema escala para grandes portais de notícia, é preciso lidar com uma estratégia para a imprensa, munindo os jornalistas de informações que deem mais peso à narrativa do envolvido, e uma estratégia para acalmar os patrocinadores caso eles existam, porque eles pedirão explicações.

A dark social, canais fechados como grupos de Facebook, Facebook Messenger, e-mail, Telegram ou WhatsApp, é um contêiner à parte. Isso porque não é possível quantificar as menções nem saber qual o tamanho da repercussão de uma polêmica dentro dessas redes. Não há controle de quais notícias estão indo para onde, quando e como. No Instagram há dados sobre quantos likes uma foto teve, no UOL é possível saber quantas visualizações aquela página recebeu. Já no WhatsApp, por exemplo, as mensagens são criptografadas.

Narrativa sob controle

No fundo, todas essas sugestões têm a ver com a atitude para sair de uma narrativa na qual você não quer estar envolvido e retomar as rédeas sobre o que é dito a seu respeito. Quando você deixa a polêmica esfriar, sai da crise. Quando pede desculpas e encerra o assunto, se funcionar, também se salva. Se está tudo mais calmo, e passa a falar de outro assunto inofensivo, vira a página. Só o que você não deve fazer é se deixar ser arrastado pela correnteza de uma história que não o representa, que é uma exceção ou um deslize. Pare de falar sobre o assunto, enfraqueça as críticas, não alimente os haters, mude o disco, controle o fluxo de informação. No fim do dia, geralmente as pessoas já terão encontrado outro foco.

Além disso, tão importante quanto gerir bem a própria crise é não entrar na querela alheia. Não deixe a crise da narrativa dos outros respingar em você. Procure ficar longe de qualquer foco de correnteza polêmica, sem se envolver ou se juntar ao coro de comentários, porque nesses ambientes qualquer atitude vai chamar a atenção e lhe dar protagonismo numa crise que nem é sua.

Pragmatismo

Os americanos dizem *play to win*, jogar para vencer. Essa é a única atitude possível ao encarar uma crise. Depois que o problema está criado, só lhe resta resolvê-lo de maneira pragmática. Não se desespere nem ignore o que está acontecendo. Inspire, expire e planeje seu próximo passo tendo em mente que sua grande missão é não alimentar o problema, não criar bolas de neve nem ser engolido pela correnteza algorítmica. O primeiro foco é sair da crise, cortar a correnteza, e só depois, num outro contexto, será tempo de se explicar.

Vai passar

Por último, mas não menos importante: mantenha a cabeça erguida. Toda polêmica uma hora passa. O mundo não acaba. Lembre-se sempre de Ronaldo Fenômeno. Todas as crises e escândalos que ele enfrentou, do desempenho abaixo da média na final da Copa de 1998 aos travestis que o acusaram de não pagar por um programa que ele sequer fez, além da questão do ganho de peso. O jogador passou por muitos altos, mas muitos baixos também. Porém, ele nunca abaixou a cabeça, seguiu fazendo seu trabalho e continua sendo lembrado muito mais por sua genialidade no esporte do que por qualquer polêmica.

EPÍLOGO

As redes sociais não são eternas. Elas nascem, ganham usuários, se fortalecem, espalham-se pelo mundo até que, em algum momento, passam a perder popularidade. Os usuários migram para plataformas mais modernas e, num efeito manada, de repente a comunidade se forma em outro site ou aplicativo.

Ainda que não seja possível fazer previsões sobre o ciclo de existência de cada rede ou acertar qual delas estará engajando mais pessoas em 2025, minha aposta é que essa forma de conexão será válida por muitos anos ainda, seja qual for a empresa dominante.

Assim sendo, teremos de viver com os dois lados desse contexto. Usufruir as vantagens de ter um espaço onde cada um de nós é uma fonte de informação, em que podemos nos manifestar livremente, contar nossa própria história sem depender de terceiros, estreitar laços e criar grupos com interesses similares. Ao mesmo tempo, será preciso cuidar para não deixar nossa imagem à deriva nem revelar mais do que gostaríamos, estar preparados para os riscos inerentes ao fato de sermos todos pessoas públicas, ficar atentos à impressão que estamos causando e navegar por esse universo conhecendo seus códigos (nem sempre explícitos) de conduta.

Ao longo dos capítulos anteriores, dediquei-me a apresentar alguns fatos e elaborar reflexões sobre como todo esse ecossistema funciona.

Começamos pela origem da selfie, falando da história dos retratos para depois discutir como as tecnologias modernas e as plataformas de difusão de imagens criaram uma sociedade na qual o narcisismo é um traço marcante.

Entendemos a diluição do poder da mídia tradicional, que não é mais a dona todo-poderosa das narrativas. Agora, cada um pode ter seu próprio *Jornal Nacional*, o que ao mesmo tempo potencializa o interesse natural do ser humano pela vida alheia. Boa parte da humanidade já está dentro desse jogo de exposição e vive com a crença de que "posto, logo existo".

Discutimos a singularidade e as micronarrativas que permitem que pessoas comuns e grupos antes considerados minoria ganhem destaque mostrando suas individualidades. É como uma grande multidão pulsando a partir de cada um de seus membros.

Mas se o indivíduo é tão importante, como encontrar aquilo que nos torna únicos? Segundo minha experiência, isso passa por entender nossas motivações e questionar nossos propósitos. Descobrir qual é a verdade de cada um para, só então, pensar em qual é a melhor maneira de apresentá-la ao mundo, construindo uma imagem sólida e coerente.

Desse ponto, partimos para os excessos proporcionados pela vida em rede, com a liberdade de expressão levada ao limite, tornando-se praticamente uma obrigação. Assim foram criados os avatares tagarelas e os haters. Entramos na psicologia junguiana para entender a manifestação de nosso ego e como essa teoria nos ajudava a explicar a dinâmica do século XXI.

Falamos de construção de narrativas de pontos de vista tão distintos quanto um roteiro de Hollywood e algoritmos comandados por grandes empresas, para pensar em como cada uma delas pode (e deve) ser estruturada para atender aos objetivos do dono da selfie. Compreendemos a homofilia, tendência que nos aproxima de nossos iguais, e a arte de criar engajamento.

Por fim, passamos pelas cascas de banana. Primeiro para saber quais são as ferramentas de gestão de crise quando alguma declaração ganha repercussão inesperada e depois para conhecer as armadilhas clássicas — afinal, prevenir é melhor que remediar.

De toda essa jornada, acredito que a maior lição para viver em equilíbrio e harmonia com esse espaço público virtual é manter sempre sintonizada a relação entre sua imagem e sua verdade. Sem isso, surgem as inseguranças e as incoerências das narrativas, que terminam por tornar as histórias irrelevantes.

Se pudesse resumir este livro a um conselho de um parágrafo só, diria que você deve buscar sua jornada pessoal, saber quem você é e o que o faz ser assim, para finalmente garantir que sua selfie esteja de acordo com seus valores e objetivos. Dessa maneira, será capaz de experimentar os vastos horizontes da liberdade virtual, assumindo a responsabilidade por sua própria narrativa.

Conselhos úteis: não acredite sempre no que lê sobre você ou sobre os outros; não responda nem reaja de imediato, no calor da hora, não entre na loucura, não alimente a fera. Se for jogar — como eu jogo —, faça isso consciente dos riscos, das perdas e ganhos, como quem aposta alto numa mesa de pôquer. Mesmo que todos afirmem o contrário, não acredite que você é, ou deveria ser, o que está escrito apenas porque está escrito. Lembre-se sempre de quem você é verdadeiramente, ou pelo menos do que deveria ser. No fim das contas, é isso que está em jogo. Nos tempos de redes sociais, isso vale para todos.

Por fim, nada supera a força da verdade. Procure cultivá-la em cada aspecto da sua vida, em cada vírgula, cada palavra, cada respiro. Nessa tempestade de correntezas algorítmicas, de ilusões de Photoshop e armadilhas de fake news, a coerência é o melhor mapa, e a verdade, o único norte possível.

TIPOGRAFIA Arnhem Blond
DIAGRAMAÇÃO acomte
PAPEL Pólen Soft, Suzano S. A.
IMPRESSÃO Lis Gráfica, agosto de 2019

A marca FSC® é a garantia de que a madeira utilizada na fabricação do papel deste livro provém de florestas que foram gerenciadas de maneira ambientalmente correta, socialmente justa e economicamente viável, além de outras fontes de origem controlada.